UNIÃO DOS ESPÍRITAS

PARA ONDE VAMOS?

EDITORA EME

Solicite nosso catálogo completo, com mais de 350 títulos, onde você encontra as melhores opções do bom livro espírita: literatura infantojuvenil, contos, obras biográficas e de autoajuda, mensagens espirituais, romances, estudos doutrinários, obras básicas de Allan Kardec, e mais os esclarecedores cursos e estudos para aplicação no centro espírita - iniciação, mediunidade, reuniões mediúnicas, oratória, desobsessão, fluidos e passes.

E caso não encontre os nossos livros na livraria de sua preferência, solicite o endereço de nosso distribuidor mais próximo de você.

Edição e distribuição

EDITORA EME

Caixa Postal 1820 - CEP 13360-000 - Capivari-SP

Telefones: (19) 3491-7000 | 3491-5449

Vivo (19) 99983-2575 | Claro (19) 99317-2800 | Tim (19) 98335-4094

vendas@editoraeme.com.br - www.editoraeme.com.br

ANTONIO CESAR PERRI DE CARVALHO

UNIÃO DOS ESPÍRITAS

PARA ONDE VAMOS?

CAPIVARI-SP - 2018

A Editora EME mantém, ainda, o Centro Espírita "Mensagem de Esperança" e patrocina, junto com a Prefeitura Municipal e outras empresas, a Central de Educação e Atendimento da Criança (Casa da Criança), em Capivari-SP.

1ª edição - abril/2018 - 1.000 exemplares

PROJETO GRÁFICO DE CAPA E MIOLO | vbenatti
REVISÃO | Editora EME

Ficha catalográfica

Carvalho, Antonio Cesar Perri de, 1948
União dos espíritas - para onde vamos? / Antonio Cesar Perri de Carvalho - 1ª ed. abr. 2018 - Capivari-SP: Editora EME.
144 p.

ISBN 978-85-9544-055-5

1. Espiritismo no Brasil. 2. Federação Espírita Brasileira.
3. União dos espíritas. 4. União segundo Bezerra de Menezes.
I. Título.

CDD 133.9

SUMÁRIO

APRESENTAÇÃO

A ELABORAÇÃO DE *União dos espíritas. Para onde vamos?* somente foi possível na conjuntura atual de nossa experiência existencial e de vivência diversificada no movimento espírita.

Depois de mais de cinco décadas de atuação desde as ações de mocidade, centro espírita, órgãos locais e regionais de unificação, União das Sociedades Espíritas do Estado de São Paulo, Federação Espírita Brasileira e Conselho Espírita Internacional, sentimo-nos mais confortável para a abordagem de assuntos complexos ligados ao projeto de união dos espíritas.

Muitas questões que agora levantamos e a análise que fazemos do "Pacto Áureo" e dos seus desdobramentos, principalmente do Conselho Federativo Nacional da FEB, somente pudemos amadurecer vivenciando múltiplas experiências e ter um olhar desapaixonado depois de estarmos desincumbidos de encargos administrativos.

As reflexões e as sugestões que emergem do presente estudo se fundamentam em obras do Codificador. Afinal, Allan Kardec criou os neologismos espiritismo e espírita; fundou o primeiro centro espírita do mundo e deu início à imprensa espírita e ao movimento espírita.

Allan Kardec faz considerações amplas e lúcidas sobre a questão da revelação em *A Gênese* (Cap. I, itens 13) e faz significativa colocação: "[...] o que caracteriza a revelação espírita é que a sua origem é divina, que a iniciativa pertence aos espíritos e que a elaboração é o fruto do trabalho do homem."

Como cidadãos do século XXI, vivemos num mundo dinâmico em que se sucedem mudanças e inovações. Quando utilizamos a expressão "movimento espírita" para se referir às ações em geral, implementadas pelas diversas instituições espíritas, pressupõe-se movimentação, estudo de situações e diálogos.

O tema "união dos espíritas" é de fundamental importância para o bom desenvolvimento e o futuro do movimento espírita.

São Paulo, fevereiro de 2018.
Antonio Cesar Perri de Carvalho

1

PRIMEIROS TEMPOS DE ESFORÇOS DE UNIÃO

1.1 PINCELADAS SOBRE A FEB

A PRIMEIRA INSTITUIÇÃO espírita fundada no Brasil surgiu aos 17 de setembro de 1865 na cidade de Salvador (Bahia): o Grupo Familiar de Espiritismo, fundado por Luiz Olímpio Teles de Menezes. Tinha por objetivo orientar a propaganda e a incentivar a criação de outras sociedades semelhantes pelo resto do país. Todavia teve vida efêmera.

Poucos anos depois, surgem algumas Sociedades Espíritas na cidade do Rio de Janeiro. Temos notícias de várias outras Sociedades que funcionam desde o final do século XIX no Estado de São Paulo, principalmente com Batuíra, e no Estado de Santa Catarina. Algumas subsistiram e estão em atividades até a atualidade.

Em 1875 surgem as primeiras versões em português das obras de Allan Kardec. Pierre-Gaëtan Leymarie (1827-1901), como redator-chefe e diretor da "*Revue Spirite*" (1870 a 1901), gerente da "*Librairie Spirite*" (1870 a 1897) e presidente da "Sociedade para a Continuação das

Obras Espíritas de Allan Kardec"[1], cuidando das edições e autorizações de traduções de obras de Kardec[3], autorizou o dr. Joaquim Carlos Travassos (1839-1915), com informação publicada na *Revista Espírita.* Com exceção de *A Gênese,* utilizando o pseudônimo de "Fortúnio", Travassos traduziu quatro obras da Codificação para o português, em 1875 e 1876. Há interessante observação de Zêus Wantuil em biografia sobre Travassos, sobre uma nota do tradutor: "[...] sem nos referirmos ao bom estilo do tradutor, é o judicioso esclarecimento, de fundo rustenista, que vem na obra 'O Céu e o Inferno'..."[1]

O ambiente espírita na cidade do Rio de Janeiro era muito conturbado com a divisão dos nascentes grupos em "místicos" e "científicos", gerando um cenário bastante dispersivo.

Neste contexto que surgiu a revista *Reformador* (1883). No ano seguinte foi fundada a Federação Espírita Brasileira que incorporou a citada revista.

Vejamos alguns momentos da história da FEB, como Entidade que tem por objetivo estimular a união dos espíritas, em função dos períodos de mandato de seus presidentes.

1.2. MANDATOS PRESIDENCIAIS PRÉ-"PACTO ÁUREO":

Francisco Raimundo Ewerton Quadros (São Luís, MA, 1841-Rio de Janeiro, 1919) foi o primeiro presidente da FEB (mandato de 1884 a 1888). A FEB passou por muitos momentos de instabilidade nos primeiros tempos, inclusive com dificuldades de manutenção e de se fixar numa sede, mas seu presidente era muito resoluto. Proferia muitas palestras espíritas e escreveu livros e artigos de caráter filosófico e espíritas, vários deles publicados em *Reformador*.

Adolfo Bezerra de Menezes Cavalcanti (Riacho do Sangue, CE, 1831-Rio de Janeiro, 1900) veio a ser o 2º. presidente da FEB (1889), tendo sido vice-presidente nos anos 1890 e 1891. Bezerra lutou muito para apaziguar as diferenças dentro do meio espírita e tinha como objetivo promover uma liderança que abrigasse todos os espíritas do Brasil. Quanto mais aumentavam as dissensões, mais aumentava também seu esforço e trabalho. Na falta de pregadores espíritas cristãos, assumiu ele mesmo a função. Iniciou uma sessão semanal na Federação para o estudo de *O Livro dos Espíritos* no dia 23 de maio de 1889 e os resultados obtidos foram os melhores possíveis, com o grande número de pessoas que lá compareciam. Tentou a todo custo promover a união de todos os espíritas, inspirado principalmente por mensagem ditada mediunicamente por Allan Kardec em janeiro do mesmo ano, através do médium Frederico Júnior, chamada "Instruções de Allan Kardec aos Espíritas do Brasil". Em 1892 a FEB publicou sua tradução de *Obras Póstumas*, utilizando o pseudônimo de Max.

Francisco de Menezes Dias da Cruz (Rio de Janeiro, 1853-1937) foi o 3º presidente (1890-1894). Na sua gestão se iniciou o trabalho da "Assistência aos Necessitados" e houve a primeira tentativa para aquisição de sede própria para a FEB e para a montagem de uma gráfica própria, mas estes dois empreendimentos não foram concretizados. Em 1894, apesar das divergências, as diferentes correntes restauraram a Federação, e em seguida, retomaram a publicação de *Reformador*. As novas diretrizes tencionavam alcançar o meio termo entre Fé e Ciência, Amor e Razão; mas as lutas entre os irmãos espíritas continuavam. Com as desavenças, Dias da Cruz, o então presidente da Federação, não se interessou em prosseguir na presidência.

Júlio Cesar Leal (Bahia, 1837-Rio de Janeiro, 1897) foi o 4º presidente (1895). Dirigiu a FEB num período de graves crises internas, renunciando após sete meses de mandato.

Adolfo Bezerra de Menezes Cavalcanti retorna como 5º presidente (1895-1900). Face a negativa do vice-presidente Dias da Cruz em assumir, houve nova eleição, tendo sido eleito. Face as dissensões reinantes no seio do espiritismo brasileiro, alguns confrades, tendo à frente o Dr. Bittencourt Sampaio, resolveram convidar Bezerra a fim de assumir a presidência da Federação Espírita Brasileira. Seu nome surgiu como consenso. Em julho de 1895, um grupo de membros da diretoria da Federação bateu à sua porta. Bezerra estava cansado, doente, abatido pela dissensão entre os irmãos espíritas; apesar de todos os argumentos apresentados, não aceitou o convite. "Com a perspectiva de poder conciliar a grande família espírita em torno do ideal cristão, o venerando ancião prometeu pensar". Em vista da relutância dele em assumir aquele espinhoso encargo, travou-se a seguinte conversação:

"Bezerra - Querem que eu volte para a Federação. Como vocês sabem aquela velha sociedade está sem presidente e desorientada. Em vez de trabalhos metódicos sobre espiritismo ou sobre o Evangelho, vive a discutir teses bizantinas e a alimentar o espírito de hegemonia.

Bittencourt Sampaio - O trabalhador da vinha é sempre amparado. A Federação pode estar errada na sua propaganda doutrinária, mas possui a Assistência aos Necessitados, que basta por si só para atrair sobre ela as simpatias dos servos do Senhor.

Bezerra - De acordo. Mas a Assistência aos Necessitados está adotando exclusivamente a Homeopatia no tratamento dos enfermos, terapêutica que eu adoto em meu tratamento pessoal, no de minha família e recomendo aos meus amigos, sem ser, entretanto, médico homeopata. Isto aliás me tem criado sérias dificuldades, tornando-me um médico inútil e deslocado que não crê na medicina oficial e aconselha a dos Espíritos, não tendo assim o direito de exercer a profissão."[2]

No dia seguinte, compareceu à sessão semanal do Grupo Ismael, onde dirigia os trabalhos. Abriu-os, mas parecia aflito. Depois da prece de abertura, feita por Bittencourt Sampaio, levantou-se e estava transtornado e ficou assim durante a primeira etapa dos trabalhos, que consistia do recebimento de mensagens psicografadas. No momento da explanação dos temas evangélicos, Bezerra falou visivelmente emocionado sobre as desavenças no Movimento Espírita e sobre o convite que havia recebido. Confessou-se fraco para assumir a posição àquela altura dos acontecimentos. Pouco depois, o espírito Agostinho manifestou-se pelo médium Frederico Júnior, o mesmo médium que anos antes havia sido instrumento para ditar o texto "Instruções de Allan Kardec aos Espíritas do Brasil". Agostinho instruiu que Bezerra assumisse o cargo da presidência e se pusesse como elemento conciliador capaz de unir e erguer a família espírita, prometendo auxiliá-lo em mais esta tarefa. Naquela mesma noite Bezerra de Menezes anunciou aceitar o cargo, permanecendo presidente até 1900, quando voltou à pátria espiritual.

Durante sua gestão, em 15/11/1897, Pierre-Gaëtan Leymarie concedeu à Federação Espírita Brasileira na pessoa de seu presidente doutor Adolfo Bezerra de Menezes ou seus sucessores "os direitos exclusivos às traduções portuguesas, tanto no Brasil como em Portugal", das obras de Allan Kardec e "os quarenta volumes da *Revue Spirite*". Anulava concessões anteriores. Esse documento teve a firma reconhecida de Leymarie e depois Consulado do Brasil em Paris reconheceu a firma da autoridade francesa que reconheceu a firma de Leymarie. Nesse documento de cessão não há especificação da validade temporal do mesmo.[3]

Leopoldo Cirne descreve as dificuldades da novel Federação Espírita Brasileira: "Havia, em 1895, atingido o limite de sua capacidade máxima de resistência, esgotados os seus últimos recursos e estava prestes a sucumbir, quando foi convidado a assumir a sua direção, com amplos e discricionários poderes, como o exigia a situação, o Dr. Adolfo Bezerra de Menezes." Opina que foi a escolha mais acertada e passa a descrever a experiência de vida do notável vulto. Define que "a presidência por ele exercida, a partir de 3 de agosto de 1895, quando foi nela investido, representou um renascimento para Federação, acerca de cujas sessões doutrinárias, em que foi restabelecido o estudo metódico de *O Livro dos Espíritos*".[4]

Leopoldo Cirne – Com a desencarnação de Bezerra, em 11/04/1900, assume o vice presidente Leopoldo Cirne (Paraíba do Norte, PB, 1870-Rio de Janeiro, 1941). Foi o 6º pre-

sidente (mandato: 1900-1913). Destacou-se como eficiente administrador, impulsionador da divulgação das obras da codificação espírita, bom dirigente de reuniões doutrinárias. Em 1902 renovou os Estatutos da FEB instituindo o estudo das obras completas de Allan Kardec como referência básica daquela instituição. Em 1904 promoveu o I Congresso Espírita, em homenagem ao centenário do nascimento de Allan Kardec, tendo contado com a participação de mais de duas mil pessoas, e no dia 1º/10/1904, apresentou o trabalho "Bases de Organização Espírita", que passou a orientar o trabalho de união dos espíritas e estimular a fundação de Federações Estaduais. Este documento norteou a instalação do Conselho Federativo da FEB, que passou a filiar diretamente centros espíritas. Esforçou para implantar a "Escola de Médiuns" na FEB. A partir de 1909, iniciou a divulgação do esperanto na FEB, associando a promoção dessa língua ao movimento espírita no país. Em sua gestão foi construída a sede própria para a FEB, inaugurada em 10 de dezembro de 1911. Em virtude de resistências dentro da FEB, principalmente do setor de "Assistência aos Necessitados", que não concordavam com as inovações propostas, Cirne perdeu a eleição para a presidência em 1913, retirando-se da instituição.[4]

Em seguida, seguiram-se várias gestões na presidência da FEB, sem maiores ações relacionadas com a união dos espíritas.

Aristides de Souza Spínola (Caetité, BA, 1850-Rio de Janeiro, 1925), com mandatos: 1914, 1916-1917 e 1922-1924; foi o 7º, 9º e 12º presidente. Na sua gestão, em 1914 foi iniciada a evangelização infantil na sede da FEB, com o estímulo de Vianna de Carvalho.

Manuel Justiniano de Freitas Quintão (Valença, RJ, 1874-Rio de Janeiro, 1955), com mandatos: 1915, 1918-1919 e 1929. Foi o 8º, 10º e 15º presidente. Visitou várias vezes Chico Xavier em Pedro Leopoldo, tendo sido o responsável pela publicação de *Parnaso de Além-Túmulo*, pela FEB em 1932, na gestão Guillon Ribeiro. E registrou no prefácio da obra citada: "[...] o médium Xavier, um quase adolescente, sem lastro, portanto, de grande cultura e treino poético [...] é rapaz de 21 anos, um quase adolescente..."[5] Francisco Thiesen, em *Atos dos espíritas* (1979) - disponível na Biblioteca da FEB - refere-se a divergências entre Wantuil de Freitas e Quintão e comenta: "Aliás, Wantuil (o pai) e Zêus foram criticados por não terem incluído a biografia dele no livro *Grandes espíritas do Brasil*, saído em 1969."[6]

Luís Olímpio Guillon Ribeiro (São Luís, MA, 1875-Rio de Janeiro, 1943), com mandatos: 1920-1921 e 1930-1943, foi o 11º e 16º presidente. Durante sua gestão foram publicadas obras por ele traduzidas de Allan Kardec e também o primeiro e dezenas dos livros iniciais psicografados por Chico Xavier . Em 1939 foi inaugurada uma pequena oficina gráfica na então Sede da FEB.

Luiz Barreto Alves Ferreira (Fortaleza, CE, 1890; Rio de Janeiro, 1944), com mandato: 1925-1926. Foi o 13º presidente. O trabalho assistencial e atenção às crianças era uma de suas marcas.

Francisco Vieira Paim Pamplona (Sampaio, RJ, 1872; Rio de Janeiro, 1955), com mandato: 1927-1928. Foi o 14º presidente. Cumpria suas obrigações com sutileza e simplicidade.

2

EPISÓDIOS PRÉVIOS AO "PACTO ÁUREO"

A FEB MANTEVE reuniões de seu Conselho Federativo com a presença bem limitada dos representantes dos centros espíritas adesos. Inclusive, estes recebiam um Diploma de Adesão. Era um trabalho muito restrito, sem significação para o movimento espírita e sempre questionado.

Embora distanciado da FEB, o ex-presidente Leopoldo Cirne permanecia atento e criticou a apatia da Federação que se omite em muitas questões sociais, inclusive nas comemorações alusivas ao centenário da independência do Brasil, e que permanece "alheia a sua missão de orientadora e coordenadora das atividades militantes no Brasil e expondo-se a alienar simpatias e ver desfavoravelmente interpretado o seu mutismo...", inclusive durante a reforma parcial da Constituição do Brasil, quando se discutia o ensino leigo.[4]

Por essas razões surgiu o movimento da "Constituinte Espírita Nacional", em 1926, mas que não contou também com o apoio de Cirne. Como reação e alternativa à Federação Espírita Brasileira, foi fundada a Liga Espírita do Brasil por Aurino Barbosa Souto, durante o Primeiro Congresso Constituinte Espírita Nacional, realizado na cidade do Rio de Janeiro, em 31 de março de 1926, visando congregar as entidades espíritas a nível nacional. Esta entidade que realizou o II Congresso Espírita Pan-Americano, na cidade do Rio de Janeiro, no ano de 1949. Muitos anos depois, a Liga Espírita do Brasil passou por alterações de designação, sendo finalmente transformada em USEERJ – União das Sociedades Espíritas do Estado do Rio de Janeiro que, por sua vez se transformou no atual Conselho Espírita do Estado do Rio de Janeiro.

Na época, Leopoldo Cirne já chamava atenção de que havia "entre os espíritas uma dupla corrente de opiniões, que se vêm de há muito acentuando, a propósito da revelação, contemporânea de Allan Kardec, recebida, igualmente na França, J. B. Roustaing..." Ele opina sobre esta obra: "Tese arrojada, porventura desenvolvida com excessiva abundância de pormenores que, em certos casos, a tornam aparentemente inverossímil e, a poder de repetições fastidiosas, tem suscitado, como dizemos, apologistas e opositores, nem sempre dotados da conveniente serenidade para evitar antagonismos radicais [...] Devemos acrescentar, a propósito da 'Revelação da Revelação', que, reconhecendo embora a profundeza de muitos de seus ensinamentos, a par da magnitude do plano, verdadeiramente original, em que foi plasmada, não temos dúvida em admitir que a forma expositiva, recheada de fatigantes repetições, denuncia uma suspeita colaboração oculta. Que há de admirar em que verdades provindas da transmissão mediúnica, a ousada e não percebida influência do Anticristo, empenhado sempre em deturpá-las?". E assim prossegue na análise de outros aspectos da obra citada. Lembra que entre os membros da Liga Espírita a referida obra não é aceita. Em função desse cenário da época, Cirne critica os que "não têm infelizmente entendido os orientadores da Federação, em sua nova fase."[4]

O ex-presidente da FEB se coloca contrariamente à criação em Paris de uma Federação Espírita Internacional, e que contou com o apoio da FEB. Cirne defende a ideia de uma Federação Universal "sempre que reunidos os representantes daquelas em assembleias ou congressos internacionais, para troca de ideias e adoção de medidas tendentes ao desenvolvimento da doutrina e consolidação dos laços de fraternidade entre todos".[4]

Sem dúvida havia uma situação de incomodação de muitas lideranças com relação à FEB que perdeu o apoio de Carlos Imbassahy e Deolindo Amorim, resistências de Leopoldo Machado e diversas oposições no Estado de São Paulo como José Herculano Pires.

No Estado de São Paulo surge um movimento inovador. Nessa época, quatro instituições espíritas se propunham a atividades federativas na Capital: Sinagoga Espírita Nova Jerusalém, União Federativa Espírita Paulista, Federação Espírita do Estado de São Paulo e Liga Espírita do Estado de São Paulo. Por iniciativa da FEESP foi convocado o 1º Congresso Espírita do Estado de São Paulo, realizado em São Paulo de 1º a 5 de junho de 1947. Tinha por objetivo discutir a união dos espíritas, mediante análise de teses concernentes ao tema.[7]

O 1º Congresso Espírita do Estado de São Paulo, foi realizado na capital paulista, com a representação de

551 instituições, incluindo dez mocidades espíritas autônomas. A proposta da criação da União Social Espírita - USE e de sua estrutura, apresentada por Edgard Armond, foi a vencedora entre 34 teses apresentadas, definindo a união de quatro entidades já existentes e que se propunham a realizar trabalho federativo. Assim, a USE foi fundada em 5 de junho de 1947. É a única federativa estadual do Brasil que surge com base em decisão de Congresso Estadual.

Essas quatro instituições lançaram o manifesto "PROCLAMAÇÃO AOS ESPÍRITAS", conclamando à união. Num exemplo de renúncia, essas quatro entidades patrocinadoras, com o apoio de associações do interior, trabalharam pela criação de um único órgão de unificação oficial e permanente, surgindo a União Social Espírita, que, depois, passou a se denominar União das Sociedades Espíritas do Estado de São Paulo.

Houve a publicação em forma de livro dos *Anais do 1º Congresso Espírita do Estado de São Paulo.*

2.1 EVENTOS DE MOCIDADES ESPÍRITAS

O ano de 1948 registra importantes fatos: surgiu a Concentração de Mocidades Espíritas do Brasil Central e Estado de São Paulo - COMBESP, reunindo jovens de Mato Grosso, Goiás, Minas Gerais, São Paulo e depois o Distrito Federal (Brasília). Este certame, autônomo, foi um celeiro de formação de expositores e lideranças. O evento foi repetido entre 1948 e 1966, nestes anos efetivado na cidade de Barretos (SP).[8]

Liderado pelo incansável Leopoldo Machado, foi realizado o 1º Congresso de Mocidades Espíritas do Brasil (17 a 25/7/1948) na cidade do Rio de Janeiro, e que constituiu o Conselho Consultivo de Mocidades Espíritas do Brasil. Foi efetivado no Teatro João Caetano e o encerramento na sede da FEB, embora esta não tenha apoiado o evento.[8]

2.2 CONGRESSO DE UNIFICAÇÃO

No mesmo ano foi realizado pela USE o 1º Congresso Brasileiro de Unificação Espírita de 31 de outubro a 5 de novembro de 1948, em São Paulo.

Em função desse evento surgiu a primeira psicografia de Chico Xavier sobre união e unificação, que foi assinada por Emmanuel - "Em nome do Evangelho" -, e dirigida aos participantes do citado 1º Congresso Brasileiro de Unificação Espírita, em São Paulo. Essa mensagem, com o título acima, foi psicografada no dia 14 de setembro de 1948, em Pedro Leopoldo, Minas Gerais, e encaminhada aos organizadores do evento com a justificativa de que ele - Chico Xavier -, como convidado, não poderia comparecer.[8]

O foco desse Congresso não era regional, mas nacional, constando da pauta a unificação nos Estados e no país, e problemas doutrinários urgentes.

A Comissão de Teses nomeada pelo Congresso Brasileiro de Unificação Espírita, reunido na Cidade de São Paulo, conclui:

"a) Que o espírito dominante em todos os trabalhos é o da unificação direcional do espiritismo.

b) Para concretização do item anterior, recomenda a Comissão as seguintes proposições, colhidas nos trabalhos estudados:

1) Que a superintendência daqueles trabalhos seja confiada à Federação Espírita do Rio Grande do Sul, a qual observará as normas gerais aqui traçadas e que representam o pensamento geral do Congresso.

2) Que o Congresso lance aos espíritas do Brasil um manifesto sucinto e objetivo, divulgando os itens nele aprovados.

3) As normas referidas no item 1º são:

I – Promover entendimentos com as entidades máximas e federativas dos Estados, do Distrito Federal e dos Territórios, no sentido de consertar a forma de unificação direcional do espiritismo.

II – Os entendimentos deverão ser feitos em torno da organização federativa de âmbito nacional.

III - A entidade existente adaptada ao item anterior, conserve sua autonomia social e patrimonial.

IV - O poder legislativo nacional será exercido por um Conselho Confederativo, sediado na Capital da República, e composto de um representante de cada Estado, do Distrito Federal e dos Territórios, eleitos pelas uniões ou federações dessas circunscrições, com mandato de cinco anos e presidido pelo presidente da entidade referida no item 2º.

4) Realizado o seu objetivo, a Federação Espírita do Rio Grande do Sul dará conhecimento de suas conclusões aos membros deste Congresso e sugerirá a conveniência e oportunidade da convocação de um Congresso Espírita Nacional, em prazo nunca inferior de um ano,

para o fim de regulamentar o funcionamento da entidade confederativa de âmbito nacional.

5) A Federação Espírita do Rio Grande do Sul manter-se-á em permanente contato com as entidades participantes deste Congresso e com as que aceitarem, posteriormente, as suas conclusões, por intermédio de um delegado nos Estados, integrado nos ideais de unificação, como em torno de organização federativa existente, que se adapte como entidade confederativa ou federativa de âmbito nacional elemento de coordenação e animação do movimento nos limites de seu Estado.

6) Recomenda a aprovação da tese da União Social Espírita do item 1º. - Plano de execução quanto a unificação do espiritismo nos Estados e, no item 3º. - Estudos de problema do interesse fundamental e urgente para a marcha do movimento espírita nacional; recomenda a aprovação das teses apresentadas pelo representante do Rio Grande do Sul, na Comissão foi vencido quanto a indicação da Federação sediada naquele Estado.

São Paulo, (Sala de Sessões) 1º. Novembro de 1948."[7]

Esse Congresso chegou a propor a criação de uma Confederação, ou de um Conselho Superior do Espiritismo, proposta que, levada à consideração do Presidente da FEB, Antônio Wantuil de Freitas, foi por ele recusada. Espíritas de diferentes regiões do País, de tendências diversificadas no entendimento da doutrina, sentiam o inconveniente divisionismo e a necessidade da concórdia, do respeito e da união fraterna.

Após esse Congresso, a USE resolveu apoiar o 2º Congresso da Confederação Espírita Panamericana, realizado no Rio de Janeiro pela Liga Espírita do Brasil no ano de 1949.

Em setembro de 1949, para incentivar essa participação e devolver o entusiasmo aos confrades do Rio Grande do Sul, apáticos depois da euforia do Congresso da Unificação Nacional, uma caravana visitou, com grande sucesso, o Sul do País. Faziam parte dela os paulistas Carlos Jordão da Silva, Luiza Peçanha de Camargo Branco, Emílio Manso Vieira e o médium Ary Casadio. Em recepção oferecida ao grupo na residência do General Roberto Pedro Michelena, o grande escritor Coelho Neto serviu-se da mediunidade de Casadio e durante quase uma hora deliciou os presentes com magnífica peça literária.

No Rio Grande do Sul discutiu-se e aprovou-se, com ligeiras modificações, dois trabalhos a serem apresentados no Congresso Panamericano: Sugestões para a Organização Nacional do Espiritismo e Prevalência do Espiritismo Religioso, este último elaborado pela USE.[7]

Para o 2°. CEPA, a USE enviou como seus representantes: Carlos Jordão da Silva, Vinícius e Benedito Godoy Paiva; e, como acompanhantes da Delegação, Eurípedes de Castro, Antonio Trindade e Luiz Monteiro de Barros.

Ainda no ano de 1949, digno de nota, também, foi o início da publicação dos célebres artigos de Herculano Pires no jornal *Diário da Noite*, de apoio às teses do Congresso de Unificação, e a Direção da USE enviou ofício de congratulações.

3

O "PACTO ÁUREO"

3.1 DESFECHO PARA O "PACTO ÁUREO"

NO FINAL DO ano de 1949 havia um clima predominante de união e de dinamismo no seio do movimento espírita de São Paulo e Estados do Sul. Em princípios de outubro de 1949, realizava-se no Rio de Janeiro, o II Congresso da Confederação Espírita Pan-Americana (CEPA). A esse Congresso compareceram espíritas de São Paulo, Paraná, Santa Catarina, Rio Grande do Sul, Minas Gerais, Pará, e do Rio de Janeiro, então Distrito Federal.

No começo de outubro a delegação da USE seguiu para o Rio de Janeiro a fim de participar do 2º. CEPA, levando na bagagem a Tese *Prevalência do Espiritismo Religioso*. A Tese não foi debatida por não ter, a Mesa Diretora, aceito trabalhos do setor religioso do Espiritismo, tendo sido, entretanto, impressa e distribuída em todo o país. Em seu Prefácio, anota Edgard Armond: Ao escrever a tese seu relator não ignorava que ia chocar a opinião geral, ferir convicções arraigadas e desencadear oposições; porém o pensamento final da Comissão era: a) dar testemunho público do seu amor ao Evangelho; b) focalizar a necessidade urgente da propagação evangélica nas bases do espiritismo cristão.[7]

Em entrevista algumas décadas depois, comentou Carlos Jordão da Silva: "Também não se ignora que a marca de uma evolução mais avançada para os espíritos é justamente o mais profundo entendimento das coisas do Evangelho e a capacidade demonstrada na sua exemplificação. Assim, pois, é com profundo sentimento de humildade e reverência a Jesus Cristo, nosso Divino Senhor e Mestre, que a Comissão põe suas assinaturas nesta tese. O contato pessoal do grupo com os dirigentes da FEB evoluiu para um entendimento sobre a unificação e, após tratativas preliminares, foi marcado um encontro na sede da Federação no dia 5 de outubro, ao qual compareceram representantes de diversas federações e instituições estaduais."[7,9]

No dia 5 de outubro, após entendimentos prévios com o Presidente da FEB, Wantuil de Freitas, alguns líderes que tomaram parte no Congresso da CEPA, incluindo Carlos Jordão da Silva (SP), compareceram à sede da FEB, para uma reunião memorável com seu Presidente e Diretores. Após discussão de proposta inicial reiterando a criação de uma Confederação, ou Conselho Superior do Espiritismo, novamente rejeitada por Wantuil de Freitas, este, em nome da Diretoria da FEB, apresentou outra proposição, contendo dezoito itens, sintetizando os princípios sobre os quais poderiam assentar-se a União e a Unificação do Movimento Espírita, além de detalhamento de providências complementares para o funcionamento do Acordo. A reação de todos os presentes à memorável reunião não poderia ser mais favorável. A aceitação da proposição foi unânime.

Esse acontecimento, de alta significação para o Movimento Espírita brasileiro, pela sua transcendência, ficou conhecido como a Grande Conferência Espírita do Rio de Janeiro, também chamado "Acordo de Cavalheiros" e cognominado por Lins de Vasconcellos como "Pacto Áureo" e se constituiu no Acordo de Unificação do Movimento Espírita Brasileiro, com sua célebre Ata de 18 itens. Nela se acertava acordo conciliatório à longa dissidência entre os espíritas do Brasil. Assinaram o Acordo representantes da FEB, USE, Liga Espírita do Brasil, Comissão Executiva do Congresso Brasileiro de Unificação Espírita, Federação Espírita Catarinense, Federação Espírita do Paraná e União Espírita Mineira.

Mais de vinte anos depois, Carlos Jordão, emocionado, relembra, em entrevista publicada no *Anuário Espírita 74*, os bastidores do "Pacto Áureo" e a atuação dos espíritos:

"Sempre hei de relembrar ter ocorrido um desses 'acasos' e precipitações que o mundo espiritual promove, com grande sabedoria. Veja bem: achavam-se no Rio de Janeiro várias delegações estaduais, (de todos os Estados do Sul, mais a Guanabara, Minas e Bahia), que estavam tomando parte do Congresso Panamericano que ali se realizava, não me recordo se seria o segundo ou o terceiro. Após as reuniões do Congresso Panamericano e recolhidos todos os participantes das delegações em seus respectivos hotéis, cerca de uma hora da manhã, resolvemos sair para tomar um pouco de ar e dirigimo-nos para determinada praça próxima ao nosso hotel e para a nossa surpresa todas as delegações foram chegando ao mesmo local, como que convocadas por forças invisíveis. Achamos graça por ter o Plano Espiritual nos reunido daquela forma e àquela hora da madrugada e ali mesmo marcamos uma reunião para as 8 horas da manhã, no Hotel Serrador, onde estávamos hospedados, eu e minha senhora, e, realizada tal reunião, incumbiu-se Artur Lins de Vasconcellos Lopes a tarefa de aproximar-se da FEB para promover o encontro. Naquele mesmo dia, às 14 horas, foi assinado o Pacto Áureo. Era 5 de outubro de 1949. Por São Paulo assinamos eu e Pedro de Camargo, o inolvidável "Vinícius". Após a assinatura do Pacto é que surgiu a "Caravana da Fraternidade", inspirada pelo Dr. Bezerra de Menezes e desenvolvida por entendimentos preliminares entre São Paulo, por meu intermédio, e o Rio Grande do Sul, através do nosso inesquecível Francisco Spinelli.[7,9]

– Prezado Jordão: prefiro ir "pari passu" para não perder o fio da meada. Sabemos que o PACTO ÁUREO é a conclusão lógica de tudo isso, mas como se deu o Congraçamento em Escala Nacional?

R – Tivemos aqui em São Paulo, em 1948, o Primeiro Congresso Brasileiro do Unificação, com a presença de delegações do todos os Estados Sulinos e alguns do Norte, não tendo a Federação Espírita Brasileira na ocasião aceito participar. Estabeleceu-se que a Federação Espírita do Rio Grande do Sul, através de sua delegação mantivesse os entendimentos com a FEB para que se efetivasse a Unificação das Sociedades Espíritas e Espíritas no campo nacional."[9]

3.2 ATA DO "PACTO ÁUREO"

"Ata da reunião entre os diretores da Federação Espírita Brasileira e os representantes de várias Federações e Uniões de âmbito estadual: Aos cinco dias do mês de outubro do ano de mil e novecentos e quarenta e nove (1949) na sede da Federação Espírita Brasileira, à Avenida Passos, nº 30, na cidade do Rio de Janeiro, Capital da República, Brasil, presentes o Sr. Antônio Wantuil de Freitas, presidente da F.E.B., e demais signatários desta, após se dirigirem ao Alto, em prece, suplicando bênçãos para todos os obreiros da Seara Espírita do Brasil, bem como para toda a Humanidade, e depois de longo e coordenado estudo do Movimento Espírita Nacional, a que pertencem, acordaram em aprovar os seguintes itens, "ad referendum" das Sociedades que representam: - 1º) Cabe aos Espíritas do Brasil porem em prática a exposição contida no livro *Brasil, Coração do Mundo, Pátria do Evangelho*, de maneira a acelerar a marcha evolutiva do Espiritismo. - 2º) A F.E.B. criará um Conselho Federativo Nacional, permanente, com a finalidade de executar, desenvolver e ampliar os planos da sua atual Organização Federativa. - 3º) Cada Sociedade de âmbito estadual indicará um membro de sua diretoria para fazer parte desse Conselho. - 4º) Se isso não for possível, a Sociedade enviará ao presidente do Conselho uma lista tríplice de nomes, a fim de que este escolha um desses nomes para membro do Conselho. - 5º) O Conselho será presidido pelo presidente da Federação Espírita Brasileira, o qual nomeará três secretários, tirados do próprio Conselho, que o auxiliarão e substituirão em seus impedimentos.

- 6º) Considerando que desde a sua fundação a F.E.B. se vem batendo pela autonomia do Distrito Federal, conforme se vê em seu órgão - *Reformador*- fica o Distrito Federal considerado como Estado, em igualdade de condições com os demais Estados do Território Nacional. - 7º) O presidente da Federação Espírita Brasileira nomeará uma comissão de três juristas espíritas e dois confrades de reconhecida idoneidade, para elaborar o Regulamento do Conselho Federativo Nacional e propor as modificações que se tornarem necessárias nos atuais Estatutos da Federação Espírita Brasileira. - 8º) No caso de haver mais de uma sociedade de âmbito estadual em algum Estado, tudo se fará para que se reúnam em torno de uma terceira, cuja presidência será exercida em rodízio e automaticamente pelo presidente de cada uma delas, substituídos que serão, anualmente, no dia 1º de janeiro de cada ano[1]. - 9º) Anualmente, em sua primeira reunião do mês de agosto, o Conselho organizará o seu orçamento, o qual, uma vez aprovado pela Diretoria da FEB, será entregue ao tesoureiro dessa[1]. - 10º) Cabe à Federação Espírita Brasileira entrar com cinquenta por cento do que for determinado para o referido orçamento, devendo os restantes cinquenta por cento ser distribuídos em cotas iguais entre todas as Sociedades pertencentes ao Conselho[2]. - 11º) Na escrita da F.E.B. o seu tesoureiro deverá criar um título no qual lançará todo o movimento de valores, inclusive de donativos que forem feitos com a finalidade de facilitar os trabalhos do Conselho, quantias essas que, de forma alguma, poderão ser aplicadas senão por deliberação do dito Conselho. - 12º) As Sociedades componentes do Conselho Federativo Nacional são completamente independentes. A ação do Conselho só se verificará, aliás, fraternalmente, no caso de alguma Sociedade passar a adotar programa que colida com a doutrina exposta nas obras: *O Livro dos Espíritos* e *O Livro dos Médiuns*, e isso por ser ele, o Conselho, o orientador do Espiritismo no Brasil. - 13º) Deverá ser organizado um quadro de pregadores espíritas, composto de sócios das sociedades adesas, os quais, dentro de suas possibilidades, serão escalados para visitar as Associações que ao Conselho dirijam convites para festividades de caráter puramente Espírita - 14º) Se possível, será criado, também, um grupo de pregadores experimentados e cultos, com a difícil missão de levar a palavra do Evangelho aos grupos que, ainda mal orientados, ofereçam campo à semeadura cristã. - 15º) Nenhum membro do conselho poderá dar publicidade a trabalhos seu individual, subscrevendo-o como membro do Conselho Federativo Nacional, salvo se o trabalho for antecipadamente lido e aprovado pelo Conselho. - 16º) Os membros do Conselho são considerados como exercendo cargo de confiança das Sociedades que os indicarem. - 17º) Sempre que possível, o Conselho designará um dos seus membros para assistir aos trabalhos doutrinários realizados pelas Sociedades. - 18º) Se alguma colidência encontrar, pedirá ele se convoque a diretoria da Sociedade e, então, confidencialmente, exporá o que deverá ser modificado, de acordo com o plano geral estudado pelo Conselho. E nada mais havendo, eu, Oswaldo Mello, servindo de secretário, a escrevi e datilografei, assinando-a juntamente com os componentes da reunião, que decorreu sob a mais viva emoção dos circunstantes. E, para constar, fiz esta, que subscrevo, aos cinco dias do mês e ano referidos. A) Oswaldo Mello, secretário. Antônio Wantuil de Freitas, presidente da Federação Espírita Brasileira; Arthur Lins de Vasconcellos Lopes, por si e pelo Sr. Aurino Barbosa Souto, presidente da Liga Espírita do Brasil; Francisco Spinelli, pela Comissão Executiva do Congresso Brasileiro de Unificação Espírita e pela Federação Espírita do Rio Grande do Sul; Roberto Pedro Michelena; Felisberto do Amaral Peixoto; Marcírio Cardoso de Oliveira; Jardelino Ramos; Oswaldo Mello, pela Federação Espírita Catarinense; João Ghignone, presidente e Francisco Raitani, membro do Conselho da Federação Espírita do Paraná; Pedro Camargo - Vinícius e Carlos Jordão da Silva, pela União Social Espírita de S. Paulo (USE); Bady Elias Curi, pela União Espírita Mineira; Noraldino de Mello Castro, presidente do Conselho Deliberativo da União Espírita Mineira. Em tempo: Depois de assinado o presente documento, o presidente Wantuil de Freitas, após manifestar o seu regozijo pelo histórico acontecimento, com palavras cheias de fé e de esperança nos destinos gloriosos do Brasil Espírita, convidou o confrade Pedro Camargo - Vinícius - a proferir a prece final, de encerramento dos trabalhos, o que foi feito, fervorosamente, em súplica ardente aos Espíritos Superiores, aos quais rogou assistência e iluminação para o desenvolvimento rápido dos nossos trabalhos, na semeadura do bem e do amor, em torno do Mestre e Senhor, Eu, Oswaldo Mello, subscrevo e assino, como testemunho da verdade: Oswaldo Mello.[10]"

1. Texto modificado pelo C.F.N., em 29-08-55.
2. Texto modificado pelo C.F.N., em 06-11-55.

3.3 O PÓS "PACTO ÁUREO"

Nesse Acordo ficou prevista a criação do Conselho Federativo Nacional da Federação Espírita Brasileira, órgão que substituiu o antigo Conselho Federativo da FEB, integrado por representantes de centros espíritas. O CFN, instalado em 1º de janeiro de 1950, vem funcionando ininterruptamente, e nele se fazem hoje representar os movimentos espíritas de todos os Estados brasileiros, através de suas Federativas.

O Acordo de Unificação não ficou restrito às representações dos órgãos (Federativas) que tomaram parte na Grande Conferência.

Durante o ano de 1950, desenvolveu-se o trabalho da "Caravana da Fraternidade" que teve por finalidade divulgar os objetivos da unificação e colher adesões de onze Estados do Norte e do Nordeste ao "Pacto Áureo". Organização da célebre "Caravana da Fraternidade", formada com a finalidade de levar às regiões do Nordeste e do Norte do Brasil os termos do magnífico "Pacto". O resultado foi a adesão das Instituições daquelas regiões ao Acordo, com a criação das Federativas nos Estados onde não existiam.

Os caravaneiros, de São Paulo: Ary Casadio e Carlos Jordão da Silva; Artur Lins de Vasconcelos (Paraná), Francisco Spinelli (Rio Grande do Sul) e Leopoldo Machado (Rio de Janeiro) realizaram visitas, contatos e levaram orientações sobre a divulgação do Espiritismo, estímulo às obras de assistência social e de ambientação doutrinária aos lares. Após a passagem por Recife, Artur Lins de Vasconcelos foi substituído por Luiz Burgos

Filho. Ao final, alguns "caravaneiros" visitaram Chico Xavier, em Pedro Leopoldo (MG), em 11 de dezembro de 1950, oportunidade em que receberam duas mensagens psicográficas.

Leopoldo Machado fez os registros diários, publicados como livro *A caravana da fraternidade*. Este esteve esgotado durante décadas. No ano de 2009, como diretor da FEB, estivemos em Nova Iguaçu (RJ) e negociamos a autorização com o sobrinho de Leopoldo, o Paulo de Tarso Machado de Barros (Paulinho Leopoldo), diretor do Colégio Leopoldo de Nova Iguaçu - instituição fundada por Leopoldo Machado –, para a publicação pela Editora da FEB em 2010.[11]

Carlos Jordão da Silva responde, em entrevista, sobre esse movimento:

"- Ainda a respeito da "Caravana da Fraternidade", o senhor poderia alinhar alguma coisa a mais, já que o senhor, segundo consta, é o único remanescente da Caravana, ainda encarnado, com tarefa na Doutrina Espírita?

R - A Caravana, como já disse, foi inspirada por Bezerra de Menezes; esse grande Espírito quando se comunica para pedir alguma providência, diz que "sugere", nada impõe. Portanto, ele incorporado no médium Ari Casadio, "sugeriu" que se organizasse um grupo de companheiros para viajarem por todo o Brasil, conclamando a Unificação das Sociedades Espíritas. Esse grupo de encarnados seria o ponto material para sua atuação e de outros Espíritos, como Humberto de Campos, que nos acompanhou do início ao fim da excursão."[9]

Outro fato ligado a esses conclaves aparece em carta de 18/11/1948, em que Chico Xavier escreve a Wantuil de Freitas, e que foi inserta no livro *Testemunhos de Chico Xavier*:

"[...] Fiquei muito contente com as notícias que me mandaste acerca da embaixada gaúcha. É isto mesmo. Falar e fazer são dois verbos muito diferentes. Esperemos o rio das horas."[12]

A autora do livro Suely Caldas Schubert comenta que Chico se referia a alguns participantes do Congresso que pretendiam fundar uma confederação, o que não aconteceu e acabou se encaminhando para opção do "Pacto Áureo", o acordo da unificação espírita de 1949. Em outra missiva, datada de 15/3/1951, informa ao presidente da FEB:

"[...] O Dr. Lins de Vasconcellos esteve aqui e encontramo-nos, por duas noites consecutivas. Falou-me do teu trabalho com muito carinho e mostrou-se excelente amigo da unificação, cujo movimento lhe interessa, sobremaneira, a missão do momento".[12]

Em função da criação do Conselho Federativo Nacional da FEB, logo depois houve o Ato de Unificação das Mocidades Espíritas do Brasil (13/11/1949). Em decorrência, esta data foi comemorada durante muitos anos como o "dia do moço espírita", e, a criação do Departamento de Juventude da FEB (2/12/1949). Em janeiro de 1950 nasceu o jornal *Brasil Espírita,* de responsabilidade desse Departamento da FEB.

3.4 MANDATOS PRESIDENCIAIS DA FEB APÓS O "PACTO ÁUREO"

Na gestão de Wantuil de Freitas é que acontece a assinatura do chamado "Pacto Áureo" (1949). A partir daí as gestões da FEB passam a ser mais vinculadas com as ações de união dos espíritas.

Antônio Wantuil de Freitas (Patrocínio de Muriaé, MG, 1895; Rio de Janeiro, 1974). Foi o 17º presidente (1943-1970). Apoiou a publicação das obras psicografadas por Chico Xavier. A FEB superou momentos difíceis durante a fase da ditadura Vargas. Houve ganho de causa no processo movido pela família de Humberto de Campos. Criou o Departamento Editorial da FEB e construiu a "cidade do livro" em 1948, onde este funcionou até 2013. Formalizou o "Pacto Áureo" em 1949 e instalou o Conselho Federativo Nacional da FEB em 1950. Durante sua gestão foi efetivada a "Caravana da Fraternidade" e foram realizados os Simpósios em várias regiões do país, com apoio do CFN. Obteve a edição de selos comemorativos pelos Correios, pelo Centenário de *O Livro dos Espíritos*, de *O Evangelho segundo o Espiritismo* e da desencarnação de Allan Kardec. Escrevia em *Reformador* com vários pseudônimos e, com um deles, Mínimus. Em sua gestão e contando com o apoio da FEB ocorreu a 1ª Confraternização de Mocidades e Juventudes Espíritas do Brasil - COMJEB, realizada em Marília (SP), em 1965, e com a presença do seu vice-presidente Armando de Oliveira Assis. Deu início à construção da FEB em Brasília, em terreno doado pela Novacap em 1965 e cinco anos depois foi concluído o primeiro prédio, o Cenáculo.

Wantuil de Freitas teve uma reforma estatutária anulada em Juízo. Precisou esperar muitos anos para fazer a última alteração estatutária do seu tempo.[13]

Armando de Oliveira Assis (Piracicaba, SP, 1911; Rio de Janeiro, 1988). Foi o 18º presidente (1970-1975). Durante sua gestão foram criados os Conselhos Zonais do CFN. Introduziu modernizações no Departamento Editorial. Também ocorreu a inauguração de dependências da FEB em Brasília, como o Cenáculo e o prédio Colmeia. Algumas reuniões do CFN da FEB já ocorriam nestes prédios, inclusive com a visita de Chico Xavier, em janeiro de 1973. Durante sua gestão foi aprovada a recomendação de suspensão de funcionamento de Juventudes e Mocidades Espíritas.

Francisco Thiesen (Cruz Alta, RS, 1927; Rio de Janeiro, 1990). Foi o 19º presidente (1975-1990). Durante sua gestão ocorreu a transferência do Conselho Federativo Nacional da FEB para Brasília, em 1978, no primeiro Centenário da FEB (2/1/1984) foi transferida a Sede da FEB para Brasília. Em 1985, os Conselhos Zonais foram transformados nas Comissões Regionais, que foram instaladas em 1986 e 1987. O CFN aprovou: a Campanha Nacional da Evangelização Espírita Infantojuvenil (1976); A adequação do Centro Espírita para o melhor atendimento de suas finalidades (1977); *Orientação ao centro espírita* (1980); Diretrizes da Dinamização das Atividades Espíritas (1983). Houve o lançamento das Campanhas de Evangelização Espírita Infantojuvenil (1977) e do Estudo Sistematizado da Doutrina Espírita (1983). Iniciou o intercâmbio direto com os países, realizando viagens para visita a instituições espíritas das Américas e da Europa e representou a FEB em congressos realizados em vários países. Em 1989 a FEB promoveu o Congresso Espírita Internacional, em Brasília, de onde surgiu a ideia de se criar um organismo espírita internacional. Escreveu artigos, livros e dois opúsculos de circulação reduzida e disponíveis na Biblioteca da FEB: *Legado de um administrador* (1978) e *Atos dos espíritas* (1979).

Juvanir Borges de Souza (Cataguazes, MG, 1916; Rio de Janeiro, 2010). Foi o 20º presidente (1990-2001). Durante sua gestão o CFN aprovou: Diretrizes da Dinamização das Atividades Espíritas (1983); Campanha *Viver em Família* (1993); Campanha de Divulgação do Espiritismo (1996); Proposta (1996) de realização do 1º Congresso Espírita Brasileiro, de 1º a 3 de outubro de 1999, em Goiânia (GO), para se comemorar o Cinquentenário do "Pacto Áureo". Apoiou os preparativos e a fundação do Conselho Espírita Internacional (1992) e a realização do 1º Congresso Espírita Mundial (Brasília, 1995). Representou a FEB na Reunião de Cúpula do Milênio sobre a Paz Mundial na sede da ONU, em Nova Iorque (2000).

Nestor João Masotti (Pindorama, SP, 1927; Brasília, 3/9/2014). Foi o 21º presidente (2001-2013, mas afastado desde 2012). Foi secretário geral do CFN. Foram realizados dois Congressos Espíritas Brasileiros (2007 e 2010); comemorações do Bicentenário de nascimento de Allan Kardec com emissão de selo comemorativo pelos Correios; Sesquicentenário de *O Livro dos Espíritos* com emissão de selo comemorativo pelos Correios e o "Projeto Centenário de Chico Xavier" (2010); foram cunhadas medalhas pela Casa da Moeda em homenagem a Chico Xavier (2010); Sesquicentenário de *O Livro dos Médiuns*

(2011); Centenário da Sede Histórica do Rio (2011). O CFN aprovou: Atividade de Preparação de Trabalhadores Espíritas (2002), que gerou o curso "Capacitação Administrativa da Casa Espírita"; Campanha "Construamos a Paz Promovendo o Bem!" (2002); "Plano de Trabalho para o Movimento Espírita Brasileiro (2007-2012)"; Campanha "O Evangelho no Lar e no Coração" (2008); *Orientação aos órgãos de unificação* (2009); Regimento Interno do Conselho Federativo Nacional da FEB (2011). A FEB apoiou: a criação do Movimento Nacional Em Defesa da Vida-Brasil sem Aborto; reforma das instalações da Fazenda Modelo e construção do Memorial do C.E. Luís Gonzaga de Pedro Leopoldo (MG); os filmes "Chico Xavier", "Nosso Lar" e "E a Vida Continua..." Simultaneamente ao cargo de Presidente da FEB exerceu também o cargo de secretário-geral do Conselho Espírita Internacional.

3.5 APOIO E PROPOSTAS DA USE AO CFN DA FEB

A USE-SP lançou a "Carta aos Centros Espíritas" (1975), durante a presidência de Nestor João Masotti, na USE-SP. Foi uma ação que favoreceu o aparecimento da primeira versão do opúsculo *Orientação ao Centro Espírita*, aprovado pelo CFN da FEB em 1980.

Campanhas como a histórica "Comece pelo Começo", que foi idealizada por Merhy Seba, teve seu lançamento original em São Paulo, em 1972, pela USE da Capital (então Conselho Metropolitano da USE), e, em nível estadual, em 1975, já na gestão do presidente da USE-SP

Nestor João Masotti. Pela primeira vez assistimos exposição de Merhy Seba sobre esse tema na II COMJESP (Marília, abril de 1972). Em nível nacional esta Campanha foi aprovada pelo Conselho Federativo Nacional da FEB, então sob nossa presidência, em reunião de novembro de 2014. A Campanha atualmente tem visibilidade em todas entidades federativas estaduais e até por alguns países no exterior.[14]

A USE-SP promoveu a "Campanha Integração da Família", em 1980.

Em 1992 a USE foi proponente junto ao CFN da FEB da Campanha "Viver em Família", aprovada em 1993, e lançada nacionalmente em São Paulo em janeiro de 1994, originando o livro "*Laços de família*", editado pela USE.[14]

O primeiro grande ato público em defesa da vida e contrário ao aborto realizado no Brasil, e precedendo a criação do Movimento Nacional da Cidadania pela Vida - Brasil sem Aborto, ocorreu na cidade de São Paulo no dia 24/3/2007, realizado na Praça da Sé, promovido pela representante da União das Sociedades Espíritas do Estado de São Paulo, Marília de Castro. Contou com representantes do governo de São Paulo, parlamentares federais, estaduais e municipais, entidades civis e religiosas, inclusive a FEB, por nós representada.[14]

Em 1997, como presidente da USE-SP elaboramos um manifesto de apoio ao CFN da FEB, que contribuiu para amenizar uma crise que se instalava contra a FEB em função de movimentos anti-roustainguistas e do alastramento da proposta de Confederação.

A Moção proposta pela USE-SP de apoio das Instituições que integram o Conselho Federativo Nacional à

Federação Espírita Brasileira, foi entregue ao seu Presidente no encerramento da Reunião Ordinária realizada em Brasília, de 7 a 9 de novembro de 1997, tendo sido aprovada por unanimidade. O manifesto foi publicado em *Reformador,* edição de dezembro de 1997.[15]

Como desdobramento dessa Moção, surgiram vários estudos e em reunião de 10 a 12 de novembro de 2000, o CFN constituiu Comissão Temporária com o objetivo de analisar propostas visando ao aperfeiçoamento do trabalho de unificação com base no "Pacto Áureo" e com a finalidade de estudar aprimoramentos, gerando projetos para aprovação pelo citado órgão na sua reunião de novembro de 2001. Entre os projetos surgiram as propostas da edição de Brasil Espírita, encarte mensal do *Reformador*; e o projeto "Atividade de Preparação de Trabalhadores Espíritas" que gerou o curso "Capacitação Administrativa da Casa Espírita", aprovado em reunião realizada de 8 a 10 de novembro de 2002.[8]

Com base em seminário efetivado na sede da USE-SP, elaboramos o opúsculo *Direção de órgãos de unificação* (Ed. USE, 1994). Este opúsculo nos serviu de inspiração para a preparação de *Orientação aos órgãos de unificação,* pelo CFN da FEB, lançado em 2010.

3.6 NOSSO PERÍODO NA FEB

Assumimos a presidência da FEB interinamente, em maio de 2012, em função de afastamento de Nestor João Masotti para tratamento de saúde em hospital de São Paulo. Estávamos como vice-presidente apenas há dois meses, porém o presidente nos indicou para assumir o posto, tendo feito prévia consulta aos demais três vice-presidentes. Com a renúncia dele, pois ainda teria tempo de mandato, fomos eleito presidente, com mandato de 2013 a 2015. Todavia ocupamos o posto de diretor da FEB, com a função de secretário geral do CFN desde 2004 e membro da comissão de redação de *Reformador*. Anteriormente, desde o início da gestão de Nestor Masotti, como presidente da FEB, atuamos como um assessor do mesmo e secretário geral do CFN.

Com base nessa experiência e anteriores como atuante no movimento espírita do Estado de São Paulo, desde 1964, tendo sido presidente da USE-SP em três mandatos, é que estaremos fazendo uma análise do movimento espírita tendo como espinha dorsal a questão da união dos espíritas.

Por oportuno, optamos por transcrever duas entrevistas em que atendemos a questões formuladas por vários companheiros.

3.6.1 ENTREVISTA PARA CONJUNTO DE PERIÓDICOS DIGITAIS

Entrevista preparada por: Astolfo Olegário, Eurípedes Kuhl, José Sola, Jorge Hessen, José Passini, Leonardo Marmo, Paulo Neto, Roberto Cury, Wanderlei (administrador do portal Autores Espíritas Clássicos). A entrevista foi publicada em vários periódicos digitais em setembro de 2016.

"1) Considerando as pressões e complexidades inerentes ao cargo de presidente da Federação Espírita Brasileira (FEB), que tipo de concessão o senhor foi constrangido a aceitar em prol de um apaziguamento ou visando à obtenção de projetos que, no respectivo momento, considerava mais prioritários para o Movimento Espírita e para a melhor divulgação doutrinária? Que avaliação retrospectiva o senhor faria, hoje, desse (s) procedimento (s) e de suas repercussões?

Perri - Assumimos a presidência interina da FEB, na condição de um dos vice-presidentes, por indicação do ex-presidente Nestor João Masotti, que se licenciava para tratamento de saúde; em seguida, por renúncia deste amigo, fomos eleito presidente. No conjunto atuamos na presidência no período de maio de 2012 a março de 2015. Foram momentos de muitas complexidades internas na FEB e na sua relação com o Conselho Espírita Internacional, que também apresentava dificuldades administrativas. Não fizemos concessões, mas percebemos resistências e o ritmo lento de muitas providências. Sentimos claramente que existiam pontos de vista diferentes dos nossos acerca do papel a ser exercido pela FEB no movimento espírita. Em nossa ótica, entendemos a FEB como uma instituição nacional, que deve interagir com o movimento espírita do país, e, nesta condição o chamado "campo experimental" não deveria gerar a ideia de "modelo", pois entendemos que o mais importante para o trabalho federativo são as experiências provenientes do movimento espírita como um todo, sem qualquer ação que poderia vir a ser confundida com centralização.

Por outro lado, desde o primeiro momento da gestão e ainda na interinidade, realizamos reuniões quinzenais conjuntas do Conselho Diretor e da Diretoria Executiva da FEB. Dessa maneira todos os assuntos e encaminhamentos foram decididos nessas reuniões e se implantou a gestão com base em orçamento. No período de nossa gestão, sempre com divulgação ampla, convocamos duas Assembleias Gerais Extraordinárias, reuniões extraordinárias do Conselho Superior e do Conselho Federativo Nacional - CFN, e, efetivamos reuniões conjuntas do Conselho Federativo Nacional e do Conselho Superior. Muitos pontos de vista divergentes foram equacionados nesse conjunto de reuniões. Enfim, seguíamos um projeto de favorecer maior participação do movimento espírita brasileiro, iniciado desde a gestão do ex-presidente Nestor Masotti. Por indicação e com apoio deste ex-presidente, previamente, exercemos durante oito anos o encargo de secretário geral do CFN da FEB, com essa linha de atuação. Mas sentimos que isso gerou resistências internas na instituição. Evidentemente que gostaríamos de ter completado o Projeto de Planejamento Estratégico da FEB, que iniciamos, e, de termos concluído propostas de adequação e de dinamização de atividades na área federativa e na área editorial da FEB.

2) Por que a FEB mantém o atual modelo do Conselho Superior - que certamente teve sua finalidade nos primórdios da implantação do Movimento Espírita no Brasil - até o presente, numa centralização de poder que se assemelha ao Colégio Cardinalício do Vaticano, tirando o poder do Conselho Federativo Nacional?

Perri - Sem comentar a comparação colocada na indagação, geralmente se lembra do Conselho Superior relacionando-se com a sua função de "colégio eleitoral". Há um registro histórico público do ex-presidente da FEB Leopoldo Cirne (gestão 1900/1913) - em um livro de 1935 (aliás, com um título não usual *Antichristo, Senhor do Mundo*) -, onde analisou a criação e o funcionamento da "assembleia deliberativa", com papel equivalente ao do atual Conselho Superior, nos seguintes termos: "*[...] criou-se um verdadeiro círculo vicioso: a diretoria em exercício escolhe 25 nomes de companheiros de sua imediata confiança e obtêm sem dificuldade a homologação dessa escolha pela assembleia geral dos sócios; a assembleia deliberativa, por essa forma constituída, homologa a seu turno a escolha da diretoria, feita pelos próprios detentores dos cargos, cuja distribuição fica previamente ao seu arbítrio.*" Em nossos dias, estatutariamente, as atribuições do Conselho Superior são amplas e sua constituição é diferente dos tempos de Leopoldo Cirne. Todavia, a composição e as atribuições deveriam ser revistas para se adequar melhor a uma instituição de caráter nacional, e, também, efetivamente atuar como um conselho semelhante aos conselhos de administração das empresas da atualidade. Entendemos que as atribuições e efetivas ações do Conselho Superior da FEB deveriam ser até ampliadas, para uma participação mais ativa dos seus membros no acompanhamento das decisões e ações do Conselho Diretor e da Diretoria Executiva. Na tentativa de promover uma ação mais próxima do Conselho Superior com a direção da FEB e com o movimento federativo, convocamos reuniões extraordinárias e também conjuntas do Conselho Superior com o Conselho Federativo Nacional da FEB.

3) Considerando o grande número de títulos que são publicados pela Federação Espírita Brasileira (FEB) e a condição de "indisponível" de várias obras altamente relevantes doutrinariamente, seria interessante saber como é discutida, pela direção da FEB, os livros que devem receber prioridade para serem publicados, divulgados e distribuídos. Assim sendo, que fatores são levados em consideração e como as discussões são empreendidas, uma vez que a FEB publica Chico Xavier, Divaldo P. Franco e Yvonne A. Pereira, além de Denis, Delanne e Bozzano, entre outros, além, obviamente, de Allan Kardec?

Perri - Assumimos a gestão da FEB em época muito complicada, com necessidade de decisões urgentes relacionadas com a desativação da gráfica, iniciada na gestão do ex-presidente Nestor João Masotti e depois de todo o prédio ligado à editora no Rio de Janeiro, iniciando-se a terceirização das impressões com cotações em várias grandes gráficas e da distribuição dos livros utilizando-se experiente empresa de logística. Também houve necessidade de revisão de todos os textos dos livros, atualização das capas e da diagramação dos livros. Simultaneamente já sentíamos os reflexos iniciais da crise econômica do país. Há um Conselho Editorial, que analisa novas obras e reedições e, durante nossa gestão, se iniciou um processo de maior interação entre este e o Conselho Diretor e a Diretoria Executiva da FEB – embora alguns sejam membros comuns desses órgãos –, para a definição de prioridades do ponto de vista doutrinário e da realidade do mercado livreiro. Na nossa visão esse processo estava apenas se iniciando e deveria ser aprofundado e aperfeiçoado.

4) Por que a FEB continua publicando a obra de J.B. Roustaing, que diverge frontalmente de princípios doutrinários apresentados por Kardec? Considerando o desígnio da unificação do M.E.B. e permanecendo a FEB obsessivamente apadrinhando e divulgando *Os Quatro Evangelhos* de J.B. Roustaing, não seria essa incomoda obstinação lesiva à união dos espíritas? Será que espera uma campanha de esclarecimento a ser deflagrada no meio espírita?

Perri - Quando assumimos a presidência da FEB estavam esgotados muitos títulos. A obra citada e muitas outras não foram reeditadas durante nossa gestão. Com relação à divulgação da obra referida, mantivemos o acordo feito durante a gestão do ex-presidente Francisco Thiesen - e sempre lembrada pelo ex-presidente Nestor João Masotti -, que nas ações federativas e documentos do Conselho Federativo Nacional e na revista *Reformador* as obras de Allan Kardec seriam a base. Nunca aprovamos propostas de divulgação sobre a não recomendação de obras e muito menos de elaboração de listas de livros que eventualmente não seriam indicados. Desde os tempos de nossa atuação na União das Sociedades Espíritas do Estado de São Paulo - USE - valorizamos a Campanha "Comece pelo Começo", de divulgação das Obras Básicas de Allan Kardec (1975). Aliás, durante nossa gestão como presidente da FEB, o Conselho Federativo Nacional aprovou a Campanha "Comece pelo Começo", proposta e elaborada pela Área Nacional de Comunicação Social Espírita do CFN.

5) Você que certamente deve ter sido vítima diversas vezes de ataques e perfídias dos inimigos da luz (encar-

nados e desencarnados), em face as suas experiências e potencialidades federativas, já refletiu sobre a possibilidade de conduzir um movimento, em que líderes e dirigentes federativos ou não, participem ?

Perri – A diversidade de pensamentos e de sentimentos é uma característica do nosso mundo, da humanidade encarnada e da desencarnada. Vivemos essa experiência de aprendizagem, mas preponderando as vibrações fraternas, nas atividades profissionais, e, no movimento espírita, desde o início de nossa trajetória na mocidade, no centro espírita, nos órgãos de unificação municipal e regional, na direção em nível estadual da União das Sociedades Espíritas do Estado de São Paulo – durante três mandatos como presidente –, e, na convivência com o movimento espírita de nosso país, incluindo o Conselho Federativo Nacional da FEB. Inspiro-me sempre no apóstolo Paulo: "*Examinai tudo, retende o bem*" e no seu depoimento: "*Combati o bom combate, terminei a corrida, guardei a fé*". Acredito que nossa "corrida" não se encerrou, mas ocorrem adequações de caminhos, e, sem a preocupação com cargos, estamos atuando como um servidor, procurando manter "a fé com obras" e bem próximo da realidade das bases do movimento espírita.

6) Algum desencanto em face da não reeleição à presidência da FEB?

Perri – Poucos dias antes da eleição, recebemos a informação de alguns dirigentes da FEB de que divulgaram uma manifestação ou manifesto ao Conselho Superior da FEB para a escolha de um outro presidente. Preparamo-nos para a nova circunstância, ciente de que poderiam ocorrer paralisações e alterações de projetos que defendíamos. Após deixarmos a presidência da FEB, optamos por atuar em instituição simples e funcionando em bairro mais periférico de Brasília; com a nossa participação foi criado o Grupo de Estudos Espíritas Chico Xavier (GEECX); prosseguimos atendendo a continuados convites de todas as partes do país, para visitas, palestras e o desenvolvimento de seminários, visitando inclusive o interior de vários Estados; retomamos as contribuições mensais com a *Revista Internacional de Espiritismo*, vínculo que já existia desde o ano de 1971, e a elaboração de livros, como os recentemente editados pela editora o "O Clarim" e pela USE-SP. Em todos os rincões que nos convidam temos recebido o reconhecimento amigo e o carinho da família espírita em manifestações de solidariedade fraterna.

7) Parece haver uma concepção generalizada de que o Espiritismo é uma religião no sentido tradicional do termo e há até mesmo quem diga que atualmente *O Evangelho segundo o Espiritismo* está sendo empregado como *O Espiritismo segundo o Evangelho*. Como você percebe e conceitua essa situação?

Perri - Em palestras, artigos e em livros temos trabalhado a concepção de Allan Kardec sobre religião, que consta em *O Livro dos Espíritos* (Conclusão, item V): "*O Espiritismo é forte porque assenta sobre as próprias bases da religião [...] ele se apoia na confiança em Deus [...] convida os homens à felicidade, à esperança, à verdadeira fraternidade [...]*". Reconhecemos que Kardec faz importantes definições em *O Evangelho segundo o Espiritismo* (Apresentação): "*Muitos pontos dos Evangelhos, da Bíblia e dos autores sacros em geral por si sós são ininteligíveis, parecendo alguns até irracionais, por falta da chave que faculte se lhes apreenda o verdadeiro sentido. Essa chave está completa no Espiritismo...*". No capítulo I deste mesmo livro Kardec inclui mensagem de Um Espírito israelita": "*Moisés abriu o caminho; Jesus continuou a obra; o Espiritismo a concluirá.*" Destacamos que o filósofo e jornalista Herculano Pires deixou-nos significativas obras que analisam essas questões, entre outras os livros: *O espírito e o tempo. Introdução histórica ao espiritismo*, cuja 1ª. edição veio a lume em 1964.

Entre as Obras Básicas de Allan Kardec, percebemos que o livro *O Evangelho segundo o Espiritismo* é utilizado, geralmente, como "leitura preparatória" de reuniões ou como temas de palestras. O que está faltando é o seu estudo. Durante nossa presidência na FEB, intensificamos a divulgação desse livro por ocasião do Sesquicentenário de sua publicação, inclusive com a sua edição em parceria com Federativas, numa tiragem de 200 mil exemplares, e, no temário do 4º. Congresso Espírita Brasileiro, em 2014. Esse congresso foi um marco de evento bem-sucedido, descentralizado e efetivado simultaneamente em quatro regiões, com consultas prévias às Federativas sobre temas e expositores, e autossustentável. Também criamos as reuniões de estudo de *O Evangelho segundo o Espiritismo,* na sede da FEB em Brasília, e integramos sua equipe de facilitadores e acompanhamos o vívido interesse dos participantes de diversas faixas etárias e com diferentes graus de conhecimento doutrinário, no desenvolvimento dos temas; foram marcantes as avaliações que os frequentadores fizeram sobre essas reuniões de estudo. No período adotou-se uma adaptação da metodologia de estudo interpretativo do Evangelho, que foi desenvolvida por Honório Onofre Abreu (ex-presidente da UEM, MG). Também foi criado o Núcleo de Estudo e Pesquisa do Evangelho (NEPE da FEB) que gerou uma série de vídeo aulas - "Espiritismo à luz do Evangelho" pela TVCEI e depois FEBtv, tendo como consequência o aparecimento de vários grupos de estudos de *O Evangelho segundo o Espiritismo* em vários locais do país. Ainda como consequência, a Editora FEB lançou em 2014 o livro elaborado por uma equipe, com o título *O Evangelho segundo o Espiritismo. Orientações para o estudo.*

Após deixarmos a presidência da FEB, prosseguimos nessa linha de trabalho e inclusive elaboramos o livro *Epístolas de Paulo à luz do Espiritismo* (Ed. O Clarim), valorizando a essência das recomendações morais de Paulo e sobre dons espirituais, com abordagens simples, objetivas e fundamentadas nas obras de Kardec e do Espírito Emmanuel, psicografadas por Francisco Cândido Xavier.

8) A figura de Chico Xavier está sendo venerada com equilíbrio ou com exagero? Você concorda que ele surge atualmente como uma voz mais forte e mais requisitada do que a de Kardec?

Perri - Na realidade, encontramos as duas situações. Surpreso, temos verificado que muitos espíritas e até dirigentes nunca leram obras psicográficas de Chico Xavier, afeitos a modismos da literatura espírita e ao estudo por apostilas. Chico Xavier era muito simples e não aceitava incensamentos. Conheci-o pessoalmente e o visitamos com assiduidade durante mais de 20 anos nas ações da Comunhão Espírita Cristã e do Grupo Espírita da Prece, e no seu lar, em Uberaba. Temos muitos registros com ele. Quando completou 70 anos de mediunidade, o homenageamos escrevendo o livro *Chico Xavier. O homem e a obra* (editado pela USE-SP). Nesse livro e principalmente agora, entendemos que o mais importante será a valorização do estudo de sua obra. Por indicação do ex-presidente Nestor João Masotti e escolha do CFN da FEB coordenamos nacionalmente o "Projeto Centenário de Chico Xavier" e depois divulgamos efemérides ligadas a livros, como os 70 anos da publicação de *Paulo e Estêvão*. Durante nossa presidência na FEB estimulamos a ampla divulgação dos livros psicográficos de Chico Xavier, apoiamos a elaboração e o início da publicação da série Coleção *O Evangelho por Emmanuel*, e providenciamos um contrato de parceria da Editora CEU (de São Paulo) com a FEB, para a edição dos títulos de Chico Xavier dessa tradicional casa editorial. Entendemos que o estudo dos livros deste médium devem ser realizados junto com os de Allan Kardec, aliás foi a proposta de Emmanuel nos livros em que homenageou o Centenário das obras de Kardec, a saber: *Religião dos espíritos, Seara dos médiuns, Livro da esperança, Justiça divina.*

9) Por que o Movimento Espírita Brasileiro, de modo geral, não dá à defesa da vida, em especial, à prevenção do aborto a mesma prioridade das demais áreas de sua atuação?

Perri - Desde a publicação dos opúsculos *Em Defesa da Vida*, pela FEB, durante a gestão do ex-presidente Nestor João Masotti, e de suas atuações - que acompanhamos - na origem do Movimento Nacional da Cidadania Em Defesa da Vida - Brasil sem Aborto (2006), verificamos que com o apoio do CFN da FEB, surgiram muitas ações em vários Estados. Em vários destes, as coordenações foram realizadas por lideranças espíritas locais. Nas gestões de Nestor João Masotti e na nossa, tivemos participação ativa, com equipe de apoio, nos eventos que estimulam a defesa da vida. Chegamos a conseguir um artigo especial para a revista *Reformador*, de autoria de Eros Grau, ex-ministro do Supremo Tribunal Federal, contrário ao aborto e publicado em 2011. Nas reuniões do CFN da FEB e nas suas ações regionais foram divulgadas e estimulamos tais Campanhas. Houve boa repercussão e bons resultados, porém, reconhecemos que são ações mais recentes ao compararmos com atividades mais antigas dos centros espíritas e do movimento espírita.

10) Percebe-se, atualmente, um certo arrefecimento do vigor do movimento espírita no Brasil. Você concorda com essa percepção?

Perri - Talvez pudéssemos dizer que o movimento espírita - se considerarmos o movimento mais ligado ao trabalho federativo - não acompanha a expansão da base, ou seja, dos centros espíritas. Nas nossas viagens continuadas pelo interior constatamos este fato. Outro aspecto é a dimensão territorial de nosso país e seus Estados, quase um Continente, e as dificuldades financeiras para a mobilidade entre as cidades e entre os Estados. Por outro lado, acreditamos que há muito a ser realizado para a compreensão da união - como laço moral, solidário e espiritual –, o respeito à diversidade das situações e condições dos centros espíritas, e o conhecimento dessas realidades para o melhor atendimento e apoio às reais demandas das diversificadas instituições. Nas visitas a centros pequenos e com várias características, fortalecemos o ponto de vista de que o trabalho de união deve ser constantemente adequado às bases do movimento: os centros espíritas. Vale a pena a releitura e a reflexão de Allan Kardec, em assuntos correlatos, principalmente a 2ª. Parte de *Obras Póstumas*.

11) Visando à melhoria das atividades do Movimento Espírita, sobretudo do ponto de vista da qualidade doutrinária, com a experiência de ter sido diretor, vice-presidente e presidente da FEB em um intervalo substancial de tempo, que estratégia o senhor considera que poderia ser mais eficiente por parte tanto dos confrades com maior influência em órgãos federativos e grandes centros espíritas como também dos confrades com atuação de menor repercussão em nível nacional? Nesse contexto, até que ponto a FEB observaria e seria sensível a tais esforços para ajustar suas próprias diretrizes?

Perri – Nossa sugestão é a ampla difusão das Obras Básicas de Kardec, a implementação da Campanha "Comece pelo Começo", estimulando o estudo e a leitura direta nos livros, e procurando disponibilizar livros em formato e valor monetário compatível com a maior parcela da população brasileira, e que tem dificuldades financeiras. Cremos que é chegado o momento de se rever o processo de "escolarização" que se desenvolveu com a criação de cursos, ciclos, apostilas e exigências de pré-requisitos como faixas etárias padronizadas e de sequenciamento de frequência a cursos para a posterior integração nas atividades dos centros espíritas e do movimento espírita. Os dados do Censo realizado pelo IBGE nos anos 2000 e 2010 apontam para realidades que são preocupantes dos espíritas declarados, de faixa social e de faixa etária. É urgente a revisão dos processos para a integração da infância e dos jovens, e da família, nos centros espíritas. A nosso ver, as propostas de trabalho precisam ser adequadas às distintas realidades dos centros espíritas, lembrando que a maioria é simples e de pequeno porte. Esses assuntos já vinham sendo abordados por algumas Federativas Estaduais e estimulamos tais estudos no Conselho Federativo Nacional da FEB, mas enfrentando algumas resistências localizadas. Repetimos sempre que há necessidade de menos formalidades e mais espontaneidade e simplicidade nas atividades espíritas.

Seguindo linha de trabalho iniciada pelo ex-presidente Nestor João Masotti, estreitamos os laços com as Entidades Espíritas Especializadas de Âmbito Nacional e foi criado o Conselho Nacional delas, junto à FEB. Entendemos que o Conselho Federativo Nacional da FEB, integrado pelos presidentes das Entidades Federativas dos 26 Estados e do Distrito Federal e pelo presidente da FEB, têm uma responsabilidade muito grande no sentido de estimular o efetivo apoio, a adequação e a dinamização do movimento espírita de nosso país.

12) Na década de 1940 (antes do Pacto Áureo) líderes espíritas de Minas Gerais, São Paulo, Rio Grande do Sul entre outros sonhavam com a criação de uma Confederação espírita, qual a sua opinião sobre isso?

Perri – Nos anos 1940 e principalmente após a fundação da União das Sociedades Espíritas do Estado de

São Paulo (1947) surgiram propostas de união e que deveriam ser discutidas com a FEB. A primeira psicografia de Chico Xavier sobre união e unificação foi assinada por Emmanuel - "Em nome do Evangelho" –, e dirigida aos participantes do 1º Congresso Nacional Espírita em São Paulo, promovido pela USE-São Paulo, em 1948. Essa mensagem, com o título acima, foi psicografada no dia 14 de setembro de 1948, em Pedro Leopoldo, MG (In: *Orientação aos órgãos de unificação*. FEB). Um grupo de lideranças espíritas do Sul e do Sudeste manteve contatos com o ex-presidente da FEB, Wantuil de Freitas e, finalmente, foi assinado o "Pacto Áureo" (1949), criando-se o atual Conselho Federativo Nacional da FEB. Simultaneamente também surgiam ideias sobre uma Confederação. No ano de 1997, como presidente da USE-SP articulamos a elaboração de uma moção de união e solidariedade ao CFN da FEB, que contribuiu para se evitar o alastramento da proposta de Confederação, que crescia na oportunidade em função de polêmicas doutrinárias. A moção aprovada redundou no fortalecimento do CFN com a elaboração de novas propostas de atuação (*Reformador*, dezembro de 1997, p.360-1), as quais foram seguidas pelos ex-presidentes Juvanir, Masotti e por nós. Vários países adotam a organização de Confederação e o Conselho Espírita Internacional (CEI), no seu Estatuto vigente desde 2002, na prática se configura como uma confederação. No tocante ao trabalho de união e de unificação, entendemos que cabe às Entidades Federativas Estaduais, integrantes do CFN, definirem a organização e a ação federativa.

13) Suas considerações finais:

Perri - Preferimos não responder a algumas questões que nos apresentaram e que consideramos curiosidades e especulações relacionadas com a identificação de espíritos reencarnados. Entendemos que essas opiniões e polêmicas não são prioridades para o movimento espírita e temos dúvida sobre o valor doutrinário das mesmas, considerando que é uma bênção o anonimato espiritual. Com relação à tônica predominante das questões formuladas por vários companheiros entrevistadores, concluímos e sintetizamos, sugerindo aos leitores a reflexão sobre o último discurso de Allan Kardec, de novembro de 1868 (*Revista Espírita*, dezembro de 1868) - já citado anteriormente -, onde há colocações muito oportunas sobre a união dos espíritas: "Qual é, pois, o laço que deve existir entre os espíritas? Eles não estão unidos entre si por nenhum contrato material, por nenhuma prática obrigatória. Qual o sentimento no qual se deve confundir todos os pensamentos? É um sentimento todo moral, todo espiritual, todo humanitário: o da caridade para com todos ou, em outras palavras: o amor do próximo, que compreende os vivos e os mortos, pois sabemos que os mortos sempre fazem parte da Humanidade. [...] O laço estabelecido por uma religião, seja qual for o seu objetivo, é, pois, essencialmente moral, que liga os corações, que identifica os pensamentos, as aspirações, e não somente o fato de compromissos materiais, que se rompem à vontade, ou da realização de fórmulas que falam mais aos olhos do que ao espírito. O efeito desse laço moral é o de estabelecer entre os que ele une, como consequência da comunhão de vistas e de sentimentos, a fraternidade e a solidariedade, a indulgência e a benevolência mútuas.»[16]

3.6.2 ENTREVISTA PARA A REVISTA *A SENDA*, DA FEDERAÇÃO ESPÍRITA DO ESTADO DO ESPÍRITO SANTO (2017):

"1) Sabemos que ao longo dos últimos 53 anos você participou intensamente de vários momentos do Movimento Espírita Nacional e Internacional, com diversas ações na busca do ideal da Unificação. Nesse sentido, quais as reflexões necessárias, no momento atual, para a consolidação da Unificação do Movimento?

Perri: Em função de várias experiências vivenciadas ao longo desse longo período de tempo e em todos os níveis de abrangência, consideramos que as Obras Básicas de Allan Kardec devem ser a base para os acordos de união e logicamente referencial para as práticas. Entendemos que a consolidação da unificação do movimento espírita deve passar por análises e avaliações fundamentadas em Allan Kardec: nos seus cinco livros principais, em *Viagem Espírita em 1862*, em *Revista Espírita* e em *Obras Póstumas*, que registram inúmeras orientações e relatos de diálogos e visitas que devem servir de principal referencial para os assuntos relacionados com união e relacionamento entre pessoas e instituições. Além do Codificador e muito coerente com suas recomendações há mensagens históricas sobre união e unificação psicografadas por Chico Xavier, como a pioneira, do espírito Emmanuel: "Em nome do evangelho" (1948); e o texto marcante de Bezerra de Menezes: "Unificação" (1963).* Entendemos que estas referências merecem profundas reflexões para balizarem estudos sobre a união espírita. Nessas, dispomos de orientações muito claras fundamentadas no ideal da união fraternal e que não se restringem apenas a acordos formais.

2) Estamos, ainda, muito longe da conquista deste ideal?

Perri: Inegavelmente houve muito progresso desde a proposta inicial conhecida como *Bases de Organização Espírita* (1904), dos tempos do presidente da FEB Leopoldo Cirne.* União e unificação devem ser entendidas como um processo e não obra acabada. Realmente devem dar a ideia de movimentação, de ação, imbricadas das bases espíritas e, claro, da moral cristã. Portanto, como nenhum ser ou instituição são perfeitos, é sempre cabível a avaliação e o aperfeiçoamento do processo. As pessoas, normas e instituições refletem o estado geral das condições éticas e morais do mundo de nossos dias. E os espíritos nos afiançam que nosso planeta está ainda distante do predomínio de valores voltados ao bem e à paz.

3) O Movimento Espírita organizado tem propiciado atrativos para que o jovem se sinta pertencente ao trabalho na Casa Espírita?

Perri: Essa questão nos preocupa intensamente. Quem conviveu com o trabalho e o dinamismo dos jovens espíritas de meados do século XX e conhece os dados estatísticos sobre religião em nosso país, dos Censos do IBGE dos anos 2000 e 2010, percebe que, comparativamente com outras religiões, o segmento jovem não evoluiu significativamente no movimento espírita.* Portanto, cremos que há muito a ser feito para se realizar diagnóstico real e desapaixonado da situação, buscando encaminhamentos que favoreçam a integração do jovem nos centros e no movimento espírita.

4) No livro *Perturbações espirituais*, Manoel Philomeno de Miranda, pela psicografia de Divaldo Franco, alerta os dirigentes espíritas sobre as tenebrosas organizações do mal. Que antídotos os dirigentes devem adotar para se contraporem a essas investidas organizadas às Instituições Espíritas?

Perri: Para se contrapor a essas investidas organizadas é primordial a adoção da profilaxia do orgulho e do egoísmo, tão repetidos em *O Livro dos Espíritos* e em *O Evangelho segundo o Espiritismo*: "O *egoísmo*, esta chaga da humanidade, deve [...] em si próprio, pois esse monstro devorador de todas as inteligências, esse filho do *orgulho*, é a fonte de todas as misérias terrenas." (ESE, Cap. XI, item 11). Tudo o mais é decorrente dessas duas reações.

5) O Codificador estabeleceu, em artigo publicado na edição de setembro de 1858 da *Revista Espírita*, quatro períodos de Propagação do Espiritismo; sendo o quarto período denominado de influência sobre a ordem social. No seu entendimento, quais seriam, hoje, as ações práticas que estão sendo desenvolvidas pelos espíritas, no sentido de que esta influência dos ensinamentos espíritas se faça sobre a ordem social?

Perri: Ao longo do século XX, a dedicação dos espíritas, consolidou milhares de instituições de assistência social em nosso país. Os espíritas passaram a ser respeitados pelo "bem que fazem". Todavia, embora esteja incluído o item "Participação Social", nos "Plano de Trabalho para o Movimento Espírita Brasileiro", períodos 2007/2012 e 2013/2017, aprovados pelo CFN da FEB – e, aliás, este último se extingue neste ano –, entendemos que há muito a ser realizado no sentido de se registrar uma posição espírita mais evide nte em várias vertentes da ordem social.

6) Em seu artigo "Ética e Moral na Atualidade", publicado na edição de mai/jun de 2017 de *A Senda*, você coloca, num dos parágrafos, quando aborda os aspectos ético-morais no momento de crise pelo qual passamos, o seguinte: "A seara espírita também é ambiente para o cultivo de valores ético-morais. E numa análise mais profunda pode-se verificar que a concepção e a prática da religião podem conduzir a equívocos. Num país de dimensões continentais as diferenças são evidentes. Torna-se imperioso o respeito à diversidade, pois não seriam convenientes as orientações, programas de estudos e de trabalhos padronizados." Gostaria que explorasse um pouco mais essas considerações.

Perri: No geral, por mais esforço que se faça, sempre há uma certa influência do meio e, para nós espíritas, também há o entendimento de influências de vivências de outros tempos e de outras reencarnações. O movimento espírita não está isento dessas influências. Nosso planeta não tem a característica da encarnação de seres perfeitos. Por isso, há posturas que podem lembrar movimentos e ações institucionais religiosas de outros tempos. Afinal, em *O Evangelho segundo o Espiritismo* (Cap. XVII, item 4) há a anotação de que "reconhece-se o verdadeiro espírita pela sua transformação moral e pelos esforços em dominar suas más inclinações".

A outra questão é que sendo espíritos encarnados, não somos iguais, temos experiências diversas e nos encontramos em estágios diferentes. Daí a razão de se evitar tratamentos às pessoas exigindo-se delas que sejam "à nossa imagem e semelhança" a começar de dentro do nosso ambiente familiar. Como respondeu Chico Xavier em entrevista em 1977: "[...] deveríamos refletir em unificação, em termos de família humana..."* Por isso entendemos que não cabem as padronizações ou adoção de cópias autênticas de projetos de trabalho e de estudo para todas instituições. As propostas de trabalho e de estudos devem ser sugestivas, abrindo-se espaço para as flexibilizações e adequações, à cada realidade e cada público-alvo. O Espiritismo aqui está para restabelecer e trabalhar o projeto da Boa-Nova, que deve criar um novo relacionamento pessoal e institucional![17]

* Citações extraídas de Carvalho, Antonio Cesar Perri. *Centro espírita. Prática espírita e cristã*. São Paulo: USE. 2016. 196p.

4

ANÁLISE SOBRE O "PACTO ÁUREO"

NESSAS SETE DÉCADAS, o "Pacto Áureo" cumpriu seu papel primordial. O Conselho Federativo Nacional da FEB se consolidou e passou por vários momentos de aperfeiçoamento. A FEB também atendeu a compromissos de assegurar a difusão do livro e de apoiar o funcionamento do CFN.

Em nossa ótica, muitos aspectos já poderiam ter sido revistos no sentido de aperfeiçoar o funcionamento do CFN da FEB.

Mas tudo tem seu tempo.

Muitas questões que agora levantamos e a análise que fazemos do "Pacto Áureo" e dos seus desdobramentos, principalmente do CFN, somente pudemos amadurecer vivenciando múltiplas experiências e ter um olhar desapaixonado depois de estarmos desincumbidos de encargos administrativos. Afinal, de 1965 a 2015 sempre ocupamos cargos em órgãos e em entidades de unificação. No calor do desempenho de encargos e das preocupações emergenciais, muitas vezes nos detemos nos "tópicos" e obnubilamos a visão do "utópico".

Nos anos mais recentes, ao refletirmos sobre nossa vivência de cinco décadas junto a propósitos de união, e, agora, de executarmos ações de difusão e apoio diretamente a centros espíritas das diversas regiões do país, estamos auscultando melhor as realidades e anseios da seara espírita.

Embora nunca tenhamos perdido o contacto e termos mantido compromissos junto a centros espíritas nas três cidades onde residimos, mesmo assim, estávamos prioritariamente envolvidos com encargos ligados a tarefas de união. Próximo ao cenário das realidades passamos a reanalisar documentos considerados orientadores do movimento espírita. Em síntese, é a visão do chamado "outro lado da mesa".

4.1 CONTEXTO DA REUNIÃO SOBRE O ACORDO

Apresentadas essas apreciações preliminares agora são cabíveis algumas análises sobre a Ata do Acordo de União, conhecido como "Pacto Áureo", transcrita no item 3.2.

Esse acontecimento, de alta significação para o Movimento Espírita Brasileiro, pela sua transcendência, ficou conhecido como a Grande Conferência Espírita do Rio de Janeiro, também chamado "Acordo de Cavalheiros" e cognominado por Lins de Vasconcellos como "Pacto Áureo" e se constituiu no Acordo de Unificação do Movimento Espírita Brasileiro.

De início, torna-se oportuna a consideração de que a decisão de se firmar o "Pacto Áureo" foi muito rápida, como já historiamos nos episódios prévios ao mesmo. Havia demanda por algo que assegurasse um novo rumo às ações de união e de unificação. Todavia, independentemente da inquestionável inspiração espiritual relatada por Carlos Jordão da Silva os fatos relatados sobre os poucos dias envolvendo a participação de companheiros no 2º Congresso da CEPA, o contacto com o presidente da FEB e a realização da reunião decisiva de 5 de outubro de 1949, mostram que não houve tempo hábil para estudos mais aprofundados.

O cenário na FEB era de prevenção a acordos e ideias amplas de união. Especificamente a FEB também não aceitou a criação da USE, em 1947. A FEB chegou a apoiar que uma das entidades patrocinadoras da fundação da USE, a União Federativa Espírita Paulista, se desligasse desta e saudou o retorno da mesma como adesa à FEB. A revista *Reformador* (maio de 1948) divulgou artigo do presidente da União Federativa sobre a readmissão junto à FEB.[7]

O presidente da FEB também não apoiou o 1º Congresso Brasileiro de Mocidades Espíritas do Brasil. Ao convite para comparecer e dirigir o 1º Congresso Brasileiro de Unificação Espírita não aceitou e, em ofício assinado por Carlos Lomba, 2º Secretário da FEB, foi respondido "[...] porque o julgamos para nós, deveras inoportuno".[7]

Na já citada revista divulgou que a FEB "ser contrária à convocação do 'Congresso Centro-Sulino do Brasil', em perspectiva, por achar que tal conclave é intempestivo e não se coaduna com o atual panorama espírita".[7] Referia-se ao evento que em definitivo passou a ser designado 1º Congresso Brasileiro de Unificação Espírita.

Nesse contexto, levantamos a suposição de que os idealistas da unificação, estando na então capital do país, ante uma possibilidade que repentinamente se abria, não queriam perder a oportunidade de firmar um acordo com a FEB que, até então, se mostrava refratária a propostas desta natureza. Ou seja, foi o "acordo do possível", como uma garantia do início de um processo de mudança sobre objetivos e forma de se trabalhar a união dos espíritas.

A ausência de um aprofundamento da discussão do citado Acordo e a aceitação de uma proposta básica de texto do presidente da FEB nos levanta a ideia de que os ardorosos companheiros signatários do documento queriam garantir algo que, sem dúvida, seria uma conquista, embora um pouco diferente do que a maioria deles imaginava. Será que não pensaram também que o citado documento poderia vir a ser aperfeiçoado ao longo do tempo?

Na redação da Ata, aparecem questões que merecem uma consideração mais apurada e outras que seriam de somenos importância, caracterizando-se como detalhes - importantes para a época - mas que fogem à essencialidade do Acordo.

4.2 LIVROS CITADOS COMO FUNDAMENTAÇÃO

4.2.1 BRASIL, CORAÇÃO DO MUNDO, PÁTRIA DO EVANGELHO

A primeira questão a ser levantada é sobre o Artigo 1º do "Pacto Áureo":

> Cabe aos Espíritas do Brasil porem em prática a exposição contida no livro *Brasil, Coração do Mundo, Pátria do Evangelho,* de maneira a acelerar a marcha evolutiva do Espiritismo.

E o outro relacionado à fundamentação, é que apenas no Artigo 12º cita-se duas obras de Allan Kardec:

> As Sociedades componentes do Conselho Federativo Nacional são completamente independentes. A ação do Conselho só se verificará, aliás, fraternalmente, no caso de alguma Sociedade passar a adotar programa que colida com a doutrina exposta nas obras: *O Livro dos Espíritos* e *O Livro dos Médiuns,* e isso por ser ele, o Conselho, o orientador do Espiritismo no Brasil.

A citação do livro *Brasil, Coração do Mundo, Pátria do Evangelho,* desde aquela época gerou controvérsias. Independentemente do conteúdo da obra há duas especulações centrais e interligadas.

Esse livro psicografado por Chico Xavier, entre mais 400 obras, é a única em que é citado o nome de Roustaing e com destaque que gerou e gera impacto para uns e indignação para outros, ao comentar o trabalho de Kardec:

"Segundo os planos de trabalho do mundo invisível, o grande missionário, no seu maravilhoso esforço de síntese, contaria com a cooperação de uma plêiade de auxiliares da sua obra, designados particularmente para coadjuvá-lo, nas individualidades de João-Batista Roustaing, que organizaria o trabalho da fé; de Léon Denis, que efetuaria o desdobramento filosófico; de Gabriel Delanne, que apresentaria a estrada científica e de Camille Flammarion..."[18] (Cap. Bezerra de Menezes).

A obra *Os quatro evangelhos* sempre veio à tona e foi alvo de preocupações e de ilações, mesmo antes da eclosão das psicografias de Chico Xavier.

A questão da FEB apoiar e divulgar obras de Roustaing gera questionamentos e problemas desde o início do século XX. O ex-presidente Leopoldo Cirne, admirador de tais obras, mas não fanatizado e grande divulgador de Allan Kardec durante sua gestão na FEB, registra significativo depoimento na sua portentosa obra *Anticristo*, publicada em 1935.[4]

Leopoldo Cirne se referia à fundação da Liga Espírita do Brasil, como uma dissidência da FEB (1926). Chama atenção de que havia "entre os espíritas uma dupla corrente de opiniões, que se veem de há muito acentuando, a propósito da revelação, contemporânea de Allan Kardec, recebida, igualmente na França, J. B. Roustaing..." Sobre esta obra opina: "Tese arrojada, porventura desenvolvida com excessiva abundância de pormenores que, em certos casos, a tornam aparentemente inverossímil e, a poder de repetições fastidiosas, tem suscitado, como dizemos, apologistas e opositores, nem sempre dotados da conveniente serenidade para evitar antagonismos radicais [...] reconhecendo embora a profundeza de muitos de seus ensinamentos, a par da magnitude do plano, verdadeiramente original, em que foi plasmada, não temos dúvida em admitir que a forma expositiva, recheada de fatigantes repetições, denuncia uma suspeita colaboração oculta. Que há de admirar em que verdades provindas da transmissão mediúnica, a ousada e não percebida influência do Anticristo, empenhado sempre em deturpá-las?" Lembra que entre os membros da novel Liga Espírita a referida obra não é aceita. Sobre esse cenário opina: "não têm infelizmente entendido os orientadores da Federação, em sua nova fase."[4]

A propósito dessa citação, desde logo após a publicação do livro surgiram polêmicas de que a FEB teria efetivado uma interpolação e que tal referência não existiria nos textos originais psicografados por Chico Xavier.

É um assunto recorrente e sempre foi utilizado por ex-presidentes da FEB num regime de defesa.

Um fato interessante ocorreu quando foi solicitado a Chico Xavier, em visita ao Rio de Janeiro, para autografar para o ex-presidente Francisco Thiesen o livro *Brasil, Coração do Mundo, Pátria do Evangelho,* exatamente na página onde há uma citação a Roustaing. O próprio então presidente divulgou o autógrafo no livro citado: "Ao caro amigo Thiesen com o grande e afetuoso abraço de sempre. Chico Xavier. Rio dez. 72." Todavia, não passa desapercebido que provavelmente numa reação "à mineira", o médium anotou uma dedicatória, não sobre o trecho sobre Roustaing, mas no meio da página em questão e a seguinte (p. 176-177).

No volume (mimeo), de poucos exemplares, intitulado *Legado de um Administrador*, o então presidente da FEB Francisco Thiesen faz alusão ao fato no capítulo "Wantuil X Chico Xavier e doação de direitos autorais":

> Inclusive dezenas e dezenas de cartas importantíssimas de Chico Xavier a Wantuil e outras personalidades. Mas, algumas centenas de tais cartas e outros documentos foram já levadas para a FEB. Com procedimento desse tipo, evitamos divulgações inconvenientes, extemporâneas e dificuldades que podiam ter surgido. Aconselhado a não fazê-lo, sempre que me inclinava nesse sentido, deixei de confiar cartas que me foram entregues em confiança, pelas mãos de Zêus Wantuil - depois da desencarnação de seu pai -, ao Dr. Armando Assis. Passado o tempo, mais fácil se torna saber que a prudência e a vigilância não são de desprezar-se. Possivelmente as cópias xerografadas estivessem hoje nos jornais, a julgar-se pelos acontecimentos que envolvem matérias menos retumbantes. [...] Durante uma conversa no seu terraço, num começo de tarde, Wantuil disse-me o seguinte: '- Thiesen, não esqueça o que lhe vou dizer. (Na época, se não me falha a memória, 'Reformador' - Luciano publicava palavras irônicas ou notícia desatenciosa para com o médium de Uberaba). Se hoje existe o <u>Departamento Editorial</u> é porque existe o médium <u>Francisco Cândido Xavier</u>. Devemos a ele o DE. É obra dele. Considere isso e aja sempre levando em conta essa realidade.' Entendi a coisa em termos, como se acostuma dizer. [...] Rio de Janeiro (RJ) 16

a 18 de novembro de 1978. Francisco Thiesen. Presidente da Federação Espírita Brasileira.[13]

Num outro volume (mimeo), também de pouquíssima tiragem, intitulado *Atos dos espíritas*, o presidente Francisco Thiesen comenta no capítulo "Chico Xavier", referindo-se à publicação que Chico Xavier havia feito no jornal "*Lavoura e Comércio*", de Uberaba, do dia 02/12/1978, enviado pelo próprio Chico Xavier: "Na referida edição, o médium fez publicar o que está no 'Reformador' de janeiro de 1979, páginas 53/54, e outros documentos mais. Foi um régio presente para mim, que tencionava só publicar aquela matéria depois da desencarnação de F. C. Xavier, a fim de não lhe causar transtornos com familiares ou "confrades"... Com a publicação de sua própria iniciativa, acredito, terá o médium poupado a Federação Espírita Brasileira do constrangimento e do tumulto de processos judiciais que possivelmente viriam a ser movidos pelos sobrinhos dele, muitos dos quais pensam reivindicar, ou pensavam até 2-12-1978, remunerações à guisa de indenizações de direitos autorais da produção literária do veterano medianeiro dos Espíritos. De nada valeriam os processos que fossem ou viessem a ser movidos, por quem quer que seja, contra a FEB, pois existem documentos outros suficientemente capazes de invalidar qualquer pretensão nesse sentido. O mais importante dessa escritura de ratificação consiste na pública e espontânea declaração do médium de que a FEB sempre respeitou os textos originais. (É de se perguntar: onde ficam, agora, os acusadores, os caluniadores de todos os matizes? Continuarão afirmando que a FEB introduziu o nome de João Batista Roustaing no livro de Humberto de Campos - *Brasil, Coração do Mundo, Pátria do Evangelho?* É possível que sim. Por que nunca perguntaram ao médium, antes de censurar e condenar a FEB, como lembrou *Reformador* no tempo de A. Wantuil de Freitas, quando analisou acusações do General Araripe? Pela simples razão de que não estavam interessados na resposta que antecipadamente sempre souberam qual seria. E a FEB não teria outros documentos do Chico Xavier, a respeito. Seria infantilidade pensar que não os possuísse, como ainda os possui.) Também sobre as traduções, testificando do extremo cuidado da Casa, o que implica na aprovação por ele - autor para todos os efeitos legais, no mundo - da política seguida nesse campo pelo Departamento Editorial da Casa de Ismael."[6]

Thiesen sublinha o trecho: "a FEB sempre respeitou os textos originais".

No mesmo volume "*Atos dos espíritas*", encerrado por Francisco Thiesen no Rio de Janeiro, aos 13 de fevereiro de 1979, volta aparecer o assunto sobre o livro *Brasil, coração do mundo pátria do evangelho*:

> "[...] Numa das conversas com que me honrou Antonio Wantuil de Freitas, no terraço de sua mansão de S. Cristóvão (Rua General Argolo, 33), quando eu era o Tesoureiro e Administrador do Departamento Editorial, duas coisas fiquei sabendo: 1 - que não existiria o DE, se não houvesse existido o médium F. C. Xavier (vide Legado); 2 - que não me preocupasse jamais em defender a FEB, por causa de acusações do tipo H. Campos/Roustaing, convencendo os "espíri-

tas" de que os originais foram seguidos à risca, pois no dia em que o conseguisse, os caluniadores voltar-se-iam contra o Chico Xavier. Ora, acrescentou o Wantuil, a FEB é uma organização quase centenária, experiente, habituada com pedradas fortes e todos os tipos de agressão; pode, portanto, suportar tudo com serenidade e prosseguir funcionando normalmente. Mas, se atacarem o Chico, as coisas podem ficar difíceis: ele é um homem só, com muitas qualidades, mas não deve ser exposto a tais provações, excessivamente perigosas. Precisamos resguardá-lo a todo transe. Pense bem nisso!"[6]

Prossegue o depoimento de Francisco Thiesen:

"[...] O relacionamento do Zêus era comigo. Consultou-me sobre a correspondência de Francisco Cândido Xavier e outras pessoas, dirigidas a seu pai, quando na Presidência, tratando de assuntos pertinentes a interesses febianos. Deveríamos conservá-la ou seria preferível inutilizá-la, diante do perigo iminente de todo aquele acervo, que poderia servir à História do Espiritismo, no futuro, vir a ser publicado irresponsavelmente pelo assistente do Presidente da época? Pedi ao Zêus que não inutilizasse nada, mas que, se confiasse em mim, eu zelaria por aquele patrimônio, conservando-o em meu poder pelo tempo necessário, antes de entregá-lo oficialmente à Federação Espírita Brasileira, o que só faria no momento adequado. Dali em diante, compreendo principalmente cartas recebidas nos últimos 30 anos... Não só do Chico Xavier,

> mas de Yvonne A. Pereira, Divaldo P. Franco, Waldo Vieira, Luiz Leivas Otero, Ismael Gomes Braga e dezenas de outros confrades e personalidades, sem faltar as poucas de Francisco Thiesen."[6]

Em outro trecho anotou Thiesen:

> O médium de Pedro Leopoldo e Uberaba (MG), informado por mim, pessoalmente, de que era depositário daquela correspondência, que eu pretendia publicar após a desencarnação dele, no interesse do Espiritismo, respondeu-me que nada tinha a objetar, mas sugeria que mandasse proceder a uma triagem, retirando aquelas cartas de cunho social e pessoal, conservando somente as que contivessem também, e muito especialmente, assuntos propriamente doutrinários. Fiz referência a isso, no mesmo dia, à noite, na residência de seu amigo Elias Barbosa, porém, este, de um salto, pediu-me que nada inutilizasse: no porvir uma das cartas ou cartões hoje aparentemente insignificantes poderia ser de caráter decisivo no esclarecimento de algum tema ou episódio. Respeito muito as opiniões de Elias Barbosa. E sigo igualmente a vontade do médium. Fiz a triagem. O que, segundo o médium, poderia ser dispensável, coloquei separado num pacote especial, lacrado, que já se encontra no Arquivo de Documentação Histórica da FEB. As demais, classifiquei-as por ordem de assuntos e coloquei-as, em vários envelopes, indicando neles a natureza do conteúdo. Estas últimas são, ao todo, umas duzentas, pelo menos. Há coisas da maior seriedade,

> gravidade, importância, em todos os sentidos, nas ditas cartas. Conservo-as ainda, em minha residência. Nada obsta a que eu as entregue à FEB, mas por enquanto preciso tê-las ao alcance da mão, face à natureza do meu trabalho de Presidente contemporâneo desse e de outros médiuns e personalidades.[6]

Trechos desse registro de *Atos dos espíritas* são também colocados por Francisco Thiesen no seu Prefácio à obra *Testemunhos de Chico Xavier* (1986) que o mesmo encomendou para Suely Caldas Schubert, para a divulgação das cartas entre Chico Xavier e Wantuil de Freitas e justifica:

> Levando em conta os alvitres de Wantuil e a confiança com que Zêus nos honrou, poucas vezes estampamos em *Reformador* cartas de Chico Xavier e de outros confrades, só o fazendo quando esse procedimento podia ser útil aos leitores para sua melhor elucidação a respeito da linha doutrinária da Federação, para esclarecimento de fatos históricos da Unificação ou para dirimir dúvidas de vulto. Selecionadas, mais tarde, em dois grupos, as cartas principais tiveram seu arquivo acompanhado de indicações, peça por peça, de seus conteúdos. Oportunamente, excertos dessas missivas foram datilografados e com eles formamos um volume de regular proporção. Pensávamos em escrever um livro, mas o considerável trabalho administrativo e a precariedade da resistência física cedo nos demoveram desse intuito. Mantendo-nos no propósito de dar à publicidade alguns tópicos dessa correspondência, já que o tempo e as circunstâncias atuais

> afastaram, em grande parte, os temores referidos por Wantuil, deveríamos designar, como de outras vezes o fizemos, alguém para realizar a tarefa. A escolha recaiu na pessoa de Suely Caldas Schubert,...[12]

A autora citada não teve acesso às cartas originais de Chico Xavier e está registrado no Prefácio citado "excertos dessas missivas foram datilografados". Portanto, Suely Caldas Schubert acessou trechos datilografados e selecionados pelo presidente da FEB.

No desenrolar do livro citado há trechos, em vários capítulos, sobre revisões com algumas alterações de comum acordo, por exemplo em *Parnaso de além-túmulo* e *Libertação*. Em comentários sobre os originais de *Paulo e Estêvão,* surge a informação sobre a inutilização de originais:

> No Capítulo "Originais do livro. - O mandato mediúnico 7-12-1943", eis um trecho de carta de Chico Xavier: "[...] Relativamente aos originais dos nossos humildes trabalhos mediúnicos, para mim será muito mais interessante que a Federação os guarde nos arquivos da Casa. Fico muito grato ao seu carinho. Havia pedido a restituição dos mesmos, porque tendo tido necessidade em 1942 de rever algumas páginas de *Paulo e Estêvão,* pedi à Livraria me emprestasse o original do livro, crendo que estivessem sendo arquivados, mas fui informado de que os originais, após a publicação, eram inutilizados."[12]

Mas eis trechos relacionados com *Brasil, coração do mundo, pátria do evangelho,* constantes no Capítulo "Trecho de

Roustaing em *Brasil* 25-3-1947": "[...] Li a carta que o *Mundo Espírita* publicou. Encomendemo-nos à Misericórdia Divina. Também como tu pedi ao Ismael nada responder. Seria muito triste "lançar gasolina nesse fogo". Há casos em que todo comentário é difícil. Por minha vez, estranho o que ocorre, de tal modo que só vejo uma saída: Levar o coração em silêncio para a casa da prece." [...] "Não te incomodes com a declaração havida de que o trecho alusivo a Roustaing, em *Brasil*, foi colocado pela Federação. Quando descobrirem que a Casa de Ismael seria incapaz disso, dirão que fui eu. De qualquer modo, eles falarão. O adversário tem sempre um bom trabalho - o de estimular e melhorar tudo, quando estamos voltados para o bem. [...]"[12]

Até meados dos anos 1980 a revista *Reformador* publicou muitos artigos em defesa das obras de Roustaing e em alguns relacionando com a citação deste autor no livro *Brasil, coração do mundo, pátria do evangelho*. É o caso da série de três artigos "A questão Roustaing", de 1983. Na última matéria, o articulista Iaponan Albuquerque Silva comenta carta de Chico Xavier do dia 30/10/70, dirigida ao presidente Armando de Oliveira Assis, e fornecida pelo presidente Thiesen. Eis um trecho da carta: "As dúvidas que possam remanescer em relação aos textos publicados terão origem, portanto, ou nas falhas atribuíveis à minha falibilidade de medianeiro, ou na impossibilidade, assaz sabida de a nossa linguagem reproduzir, de modo fidedigno, o pensamento dos autores espirituais."[19]

Thiesen desencarnou repentinamente em 1990; Zêus Wantuil prosseguiu com atuação voluntária e dedicada no Departamento Editorial da FEB no Rio Janeiro e desencarnou em 2011.

4.2.2 OUTROS FATOS LIGADOS A CHICO XAVIER

Além desses registros escritos de Francisco Thiesen, mantivemos alguns contatos interessantes, a começar com o médium Chico Xavier, que visitamos assiduamente durante mais de 20 anos e sempre fomos distinguidos pela sua atenção.

No nosso livro *Chico Xavier. O homem e a obra*, editado pela USE-SP em 1997, no capítulo "O Chico e a unificação", entre outras, anotamos:

> Durante as visitas a Chico Xavier percebemos que muitos o procuravam para que ele referendasse, mesmo que induzido, seus pontos de vista. Aprendemos a não valorizar tudo o que dizem que Chico Xavier falou. Sempre há toques do "intérprete". Em 1975, fomos testemunha de algumas reclamações de Chico Xavier relacionadas com alguns órgãos de unificação, mas não contra a unificação, e isto por ocasião da fundação do Grupo Espírita da Prece. Tais episódios, na época, foram publicados pela imprensa espírita. Sem evocar polêmicas passadas, diríamos que Chico tinha razão. Afinal de contas ele dava sequência a um trabalho muito específico e cremos que não estava sendo entendido como tal e nem por tudo o que já representava ao movimento espírita. Aliás, a nosso ver, Chico e seu trabalho são exceções...[20]

Evidentemente que Chico Xavier fez-nos referência também à FEB e preferimos não divulgar o diálogo na época e nem agora. Mas as questões emergem naturalmente nas citações de vários textos que utilizamos com fontes.

O fato é que Chico Xavier afastou-se da FEB, embora tenha feito algumas pouquíssimas visitas à mesma e deixou de encaminhar livros para edição pela FEB. Todavia, não podemos esquecer que as obras da fase áurea da produção psicográfica de Francisco Cândido Xavier foram publicadas pela Federação Espírita Brasileira.

O diálogo de Chico conosco se passou em período em que residíamos em Araçatuba (SP), realizando carreira universitária e éramos presidente da então União Municipal Espírita de Araçatuba. Não poderíamos imaginar os futuros compromissos espíritas nossos em níveis estadual, nacional e internacional.

Na condição de diretor da FEB e membro da Comissão de Redação de *Reformador*, por delegação do editor Altivo Ferreira, éramos responsáveis pelas entrevistas, prosseguindo com tal incumbência mesmo no período em que ocupamos a presidência da FEB.

Em junho de 2014 gravamos uma longa entrevista com a ex-funcionária do Departamento Editorial da FEB, Rúbia da Costa Guimarães, que interagiu com vários ex-presidentes da FEB e Chico Xavier. Da publicação de *Reformador* destacamos:

> Reformador: Você teve acesso a textos de Chico Xavier?
>
> Rúbia: Dr. Wantuil tinha o hábito de revisar todos os originais e ocorriam trocas de correspondências ele, Zêus e Chico Xavier. Mas este rotineiramente consultava os autores espirituais. Os originais psi-

> cográficos de obras de Chico foram destruídos. Na época não havia preocupação em se manter os originais, apenas as edições dos livros com suas emendas. Houve um momento em que Chico não concordou mais com tais revisões e se afastou de dr. Wantuil, nos final dos anos 1960 e ambos não tiveram mais contatos. Parecia um afastamento temporário, mas que perdurou. Arnaldo Rocha tinha conhecimento de todos estes fatos. Chico Xavier somente retornou à FEB no ano de 1973, para momentos de autógrafos para a edição dos 40 anos de *Parnaso de Além-Túmulo*, aliás cerca de dez mil exemplares. Permaneceu três dias nas dependências da FEB, inclusive para um momento de comemoração quando compareceram vários convidados, inclusive Yvonne Pereira. Foi feita uma filmagem do evento. Com apoio da família Gaio, Chico esteve muitas vezes no Rio, e, em 1978 para ratificar os registros de doações em Cartório de todas as obras editadas pela FEB. Já na gestão de Francisco Thiesen Zêus entregou-lhe algumas cartas de Chico que não haviam sido destruídas.[21]

Anteriormente, entrevistamos antigos colaboradores de Chico Xavier, dos tempos de Pedro Leopoldo. Sempre ouvimos referências a eventuais alterações de textos originais de Chico Xavier, que teriam ocorrido nos primeiros tempos da edição de obras de Chico Xavier pela FEB e, em alguns casos envolveria o presidente da FEB da época e que era amigo, tinha liberdade e uma certa ascendência sobre o então jovem médium.

A propósito, fizemos longas gravações com Arnaldo Rocha, aliás organizador dos livros *Instruções psicofônicas* e *Vozes do grande além*.

Dos contatos e amizade com Arnaldo Rocha soubemos muitas informações sobre Chico Xavier, inclusive sobre a propalada e citada interpolação no livro *Brasil, coração do mundo, pátria do evangelho*.

Como registro escrito desses contatos, há a entrevista publicada em *Reformador* com Arnaldo Rocha - cofundador com Chico Xavier - do Grupo Meimei (Pedro Leopoldo, MG). Na época era dirigente de reuniões na União Espírita Mineira.[22]

Outro fato marcante foi a intermediação que mantivemos com Arnaldo Rocha relacionada com um texto original de *Ave, Cristo!...* entregue na FEB com nossa presença ao presidente Nestor João Masotti, em março de 2012. Registramos em artigo publicado na revista *Reformador*:

> Arnaldo Rocha guardou os originais do citado depoimento durante quase seis décadas e, com base em nossa amizade e de forma espontânea, transformou-nos em intermediário para a doação dos manuscritos originais, para a Federação Espírita Brasileira. A guarda do texto foi transferida com base em instrumento legal.[23]

Enfim, há indícios, mais eufemisticamente dizendo, de "revisões" de textos de Chico Xavier. Um fato estranho é que o livro *Brasil, coração do mundo, pátria do evangelho* é o único da lavra mediúnica de Chico Xavier que faz referência a Roustaing. Além do tempo de vivência e de observações ao longo prazo, e com vários níveis de abrangência, precisávamos chegar a um momento mais confortável para a manifestação sobre o tema. Não conseguimos dados comprobatórios, mas consideramos que há suspeitas que podem ser enquadradas como um tipo de indício.

À vista de todo cenário apresentado sobre a citação a Roustaing no livro *Brasil, coração do mundo, pátria do evangelho,* lembramo-nos de tradicional conceito utilizado na área do Direito: *Fumus boni iuris* (‹fumaça do bom direito›), do ditado popular de que 'onde há fumaça, há fogo', significando que há indícios de que o que se solicita tem direito. A propósito, entendemos como pertinente também o conceito de "paradigma indiciatório" trabalhado por Carlo Ginzburg, "baseado em indícios imperceptíveis para a maioria. [...] Se a realidade é opaca, existem zonas privilegiadas - sinais, indícios - que permitem decifrá-la. [...] o modelo da semiótica médica: a disciplina que permite diagnosticar as doenças inacessíveis à observação direta na base de sintomas superficiais, às vezes irrelevantes aos olhos do leigo. [...] No final do século XIX - mais precisamente, na década de 1870-80 -, começou a se afirmar nas ciências humanas um paradigma indiciário baseado justamente na semiótica. Mas as suas raízes eram muito antigas."[24]

À vista disso consideramos que no caso de uma revisão do «Pacto Áureo» ou na elaboração de um acordo de união novo, e sem nenhum juízo do conteúdo geral do livro, sejam removidas as referências à obra *Brasil, coração do mundo, pátria do evangelho,* bem como de apenas duas obras do Codificador, substituindo pela citação das Obras Básicas de Allan Kardec.

4.2.3 AS OBRAS BÁSICAS

Por outro lado, ainda com referência a livros citados no "Pacto Áureo", é o fato que apenas no Artigo 12º aparecem *O Livro dos Espíritos* e *O Livro dos Médiuns*.

Aí surgem indagações óbvias: Por que os proponentes do Acordo de união que foram participar do 2º Congresso da CEPA levando a tese "Prevalência do Espiritismo Religioso", e a própria FEB deixariam de citar o livro *O Evangelho segundo o Espiritismo*? Por uma mera coincidência, as páginas de *Reformador* e vários livros editados na gestão de Wantuil de Freitas enfatizavam as obras de Roustaing: *Os quatro evangelhos*.

Mas, mais sério, por que no citado Acordo não estão relacionadas as Obras Básicas de Allan Kardec?

Pelo menos em tempos mais recentes seria uma total incoerência, pois até nas recomendações de Estatutos para os centros espíritas, em geral, há a indicação como Artigo 1º:

> O Centro Espírita ... fundado em ... , neste Estatuto designado "Centro", é uma organização religiosa, com duração indeterminada e sede na cidade de ... , no endereço ... , e que tem por objeto e fins: I – o estudo, a prática e a difusão do Espiritismo em todos os seus aspectos, com base nas obras de Allan Kardec, que constituem a Codificação Espírita.

Como opção pode-se citar num futuro texto de Acordo de União cada uma das cinco obras principais de Kardec.

4.3 QUESTÕES CORRELATAS MAIS RECENTES

Fatos bem posteriores ao "Pacto Áureo" nos foram relatados por antigos dirigentes da FEB, sobre as dificuldades internas que o presidente Francisco Thiesen, sendo adepto das obras de Roustaing, enfrentou em duas oportunidades: para o lançamento da Campanha do Estudo Sistematizado da Doutrina Espírita (1983), com cartazes destacando a obra e a figura de Kardec; e, sua definição de que nas reuniões e textos do Conselho Federativo Nacional da FEB, bem como em *Reformador*, seriam evitadas referências a obras de Roustaing e seriam sempre citadas as Obras de Allan Kardec por serem o ponto de convergência da grande maioria do movimento espírita brasileiro.

Outro momento, e que vivemos intensamente, como presidente da USE-SP e, portanto, membro do Conselho Federativo Nacional da FEB, foi durante a gestão de Juvanir Borges de Souza, em função de entrevista que este concedeu ao jornal *A voz do espírito*, da cidade de São José do Rio Preto, tendo como editor José Queid Tufaile Huaixan, e, dos desdobramentos que surgiram novamente em função da questão Roustaing. Foram momentos sérios e delicados, oportunidade em que apresentamos uma Moção proposta pela USE-SP de apoio das Instituições que integram o Conselho Federativo Nacional à Federação Espírita Brasileira, entregue ao seu Presidente no encerramento da Reunião Ordinária realizada em Brasília, de 7 a 9 de novembro de 1997, tendo sido aprovada, conforme já explicitamos em item anterior, publicada em *Reformador*.[15]

A partir daí, no restante da gestão de Juvanir e obviamente que nas gestões de Nestor João Masotti e na nossa, mantivemos as recomendações dos tempos do presidente Francisco Thiesen de se priorizar, fundamentar e divulgar as Obras Básicas.

Torna-se oportuno destacar-se que em nível nacional a Campanha "Comece pelo Começo" foi aprovada pelo CFN da FEB, em reunião de novembro de 2014, durante nossa presidência. Esta Campanha tem por foco a valorização das obras da Codificação Espírita – de Allan Kardec, como indicação ao estudo e conhecimento da Doutrina Espírita: *O Livro dos Espíritos, O Livro dos Médiuns, O Evangelho segundo o Espiritismo, O Céu e o Inferno* e *A Gênese.* Historicamente, o lançamento original dessa campanha ocorreu em São Paulo, em 1972, pela USE na Capital, e, em 1975, pela USE Estadual. A campanha foi idealizada por Merhy Seba.

Para concluir a análise do envolvimento da questão Roustaing na base de vários problemas e dificuldades da FEB, e não extrapolando o assunto união porque se refere ao Estatuto da FEB, onde também se insere a existência e normatização do Conselho Federativo Nacional, passamos a registrar histórico e lamentável episódio.

Em dezembro de 2003, como sócio efetivo da FEB, participávamos de Assembleia Geral na Sede Histórica da FEB, no Rio de Janeiro, atendendo convocação do presidente Nestor João Masotti com o objetivo de se proceder a alterações no Estatuto da FEB. Aí se incluía a supressão do parágrafo único ao Artigo 1º.:

> Parágrafo único – Além das obras básicas a que se refere o inciso I, o estudo e a difusão compreenderão,

também, a obra de J.B. Roustaing e outras subsidiárias e complementares da Doutrina Espírita.

A Assembleia Geral foi interrompida com a chegada de Oficial de Justiça que apresentava Liminar interposta por Luciano dos Anjos. Na realidade três processos que tiveram longa tramitação. Num desses processos, houve a sentença final no dia 17 de julho de 2013, do TRIBUNAL DE JUSTIÇA DO ESTADO DO RIO DE JANEIRO - DÉCIMA TERCEIRA CÂMARA CÍVEL APELAÇÃO CÍVEL (Processo Nº: 0000709-91.2004.8.19.0001) tendo como APELANTE: LUCIANO DOS ANJOS, onde a Desembargadora relatora Valéria Dacheux esclarece porque estava superada a ideia de "cláusula pétrea": "A norma indica claramente que foi imposta para adequar-se ao Código Civil de 1916, vigente na época da elaboração do Estatuto (1991)", e, decide, eliminando a tese de que Roustaing seria "cláusula pétrea" no Estatuto da FEB: "Registre-se, ainda, que nos 78 artigos que compõem o Estatuto não existe qualquer cláusula limitadora do poder de reforma, além do comando do artigo 73, imposto pela norma legal do Código Civil."

Fato interessante é que a decisão citada foi levada ao conhecimento do presidente da FEB algum tempo depois da ocorrência.

4.4 ARTIGOS SOBRE A CRIAÇÃO DO CFN DA FEB

A propósito dos Artigos do "Pacto Áureo": "- 2º) A F.E.B. criará um Conselho Federativo Nacional, permanente, com a finalidade de executar, desenvolver e ampliar os planos da sua atual Organização Federativa. - 3º) Cada Sociedade de âmbito estadual indicará um membro de sua diretoria para fazer parte desse Conselho. - 4º) Se isso não for possível, a Sociedade enviará ao presidente do Conselho uma lista tríplice de nomes, a fim de que este escolha um desses nomes para membro do Conselho. - 5º) O Conselho será presidido pelo presidente da Federação Espírita Brasileira, o qual nomeará três secretários, tirados do próprio Conselho, que o auxiliarão e substituirão em seus impedimentos."

Inegavelmente foi uma conquista a instalação do Conselho Federativo Nacional da FEB, em janeiro de 1950.

De início tímido e com pouca representatividade, pois vários Estados do Norte e do Nordeste, face a dificuldade de locomoção, nomearam como seus procuradores, para fins de representação, geralmente diretores da FEB. Este fato somente diminuiu quando as reuniões do CFN da FEB passaram a ser apenas anuais e o presidente Francisco Thiesen transferiu o órgão para a sede da FEB em Brasília, em 1978.

Por outro lado, destacamos que o fato do CFN ser presidido pelo presidente da FEB e de ser regido pelo Estatuto da FEB, passa ser uma questão merecedora de melhor reflexão e de estudos.

Pelo Estatuto vigente da FEB, o presidente, vice-presidentes e diretores da FEB são eleitos pelo Conselho Superior, que é constituído por sócios pessoas físicas, indicados pela Diretoria Executiva da FEB, para a Assembleia Geral da FEB, composto por sócios pessoas físicas. Este Conselho Superior é integrado por 40 sócios efetivos; pelo presidente, vice-presidentes e diretores da FEB; por ex-presidente da FEB; e dez representantes do CFN. Ou seja, o Conselho Superior da FEB não tem representatividade nacional.

A constituição do Conselho Superior e a utilização de votos por procuração para eleição dos dirigentes da FEB, sendo que alguns concentram várias procurações, prática ainda vigente, já era denunciada pelo ex-presidente Leopoldo Cirne. Em seu livro *Anticristo* registra que a "inexperiência de alguns novos membros da diretoria" estavam ficando mais expostos às sugestões do Espírito das trevas, "que não podia tolerar por mais tempo o crescimento expansivo da Federação". Essas dissenções culminaram na assembleia geral da FEB, no começo de 1914: "sucederam as interpelações acerca da admissibilidade, sustentada por uns, combatida por outros, das procurações que, em número considerável, se encontravam em poder do grupo dissidente, e logo a deflagração do tumulto, o vozerio contraditório e exaltado, com a formação de um molesto, intolerável ambiente, em que sentiam-se, campeando dominadoras, as tenebrosas influências do invisível. [...] final do pleito, cujo resultado foi o que era de esperar-se. A manobra reacionária reconstituída com exclusão do antigo presidente e dos companheiros com ele solidários na orientação doutrinária que vinha imprimindo aos trabalhos da Sociedade". Leopoldo Cirne se refere ao seu alijamento da presidência da FEB e ele se manteve afastado da entidade até sua desencarnação, mantendo palestras em outras instituições e redação de livros.[4]

Entre outras considerações, referindo-se ao período antes da inauguração da sede no Rio de Janeiro, Cirne comenta: "Até aos dois anos precedentes, ou melhor, enquanto a Federação foi uma sociedade pequenina e pobre, como tal modestamente instalada, a eleição anual de sua diretoria era uma formalidade sumaríssima, perfeitamente nos moldes das comunidades cristãs."[4]

De nossa parte, acompanhamos situações "pré-eleitorais" complicadas nas eleições do presidente Nestor João Masotti e finalmente, vivenciamos uma situação muito semelhante à descrita por Leopoldo Cirne e ocorrida nos idos de 1914. Em *Atos dos espíritas* Francisco Thiesen também faz referências às dificuldades pré-eleição dele próprio, de Wantuil de Freitas e de Armando Oliveira Assis.[6]

O Conselho Diretor da FEB (presidente e vice-presidentes), estatutariamente têm atribuição de "Deliberar sobre os assuntos de sua competência referentemente à Organização Federativa e ao Conselho Federativo Nacional,..." Também os vice-presidentes, são definidos como assessores do presidente da FEB para os assuntos do CFN.

O referido Estatuto que possui um parágrafo único sobre o estudo das obras de Roustaing, muito pouco aceitas e alvo de controvérsias e polêmicas no movimento espírita brasileiro.

Então, do ponto de vista estatutário, o CFN está muito subordinado ao presidente e vice-presidentes da FEB.

Tal normatização foi na prática amenizada nas gestões do presidente Nestor João Masotti e na nossa, com Regimento Interno e várias descentralizações, e estimulando a presença dos dirigentes da FEB nas reuniões do CFN, porém gerando forte reação interna dos dirigentes da FEB. Todavia, vivida a experiência, sinceramente admitimos que se trata de uma situação de alta complexidade e de muitas dificuldades.

O fato é que um Conselho Federativo de abrangência nacional deve ser caracterizado pela presença e peso decisório dos seus representantes estaduais. O ideal seria o CFN ter maior margem de liberdade de decisões e ações, com uma vinculação mais leve e protocolar com a FEB. A outra opção seria um Conselho Federativo Nacional independente.

Interessante e é um fato para ser analisado, que em mais de um século de existência a FEB, contou com apenas três presidentes que vieram oriundos de entidade federativa estadual: Francisco Thiesen, Nestor João Masotti e nós mesmos. E apenas os dois últimos, com trajetória iniciada desde as mocidades espíritas e tendo sido presidentes de Entidade Federativa Estadual.

4.5 SEDE E "CAMPO EXPERIMENTAL"

Outra questão delicada é que na conjuntura atual, sendo a Federação Espírita Brasileira também uma empresa, em função de manter uma editora, e de ter uma sede bem ampla, com a tradição de ofertar diversos cursos e alguns tipos de reuniões - chamada de "Campo Experimental" - há várias situações que influenciam ou até interferem no CFN.

A justificativa de que o "Campo Experimental" prepara recursos humanos para o movimento espírita, pode ser contra argumentada pelo fato de que o movimento espírita nacional nas ações do CFN deve contar com equipes vindas da base do movimento, ou seja, dos centros espíritas que constituem as federativas estaduais. E com isso se evitaria a sensação de alguns colaboradores do "Campo Experimental" de uma Federação se sentirem privilegiados ou até de certa forma sentindo-se "superiores" daqueles que são provenientes da base que é o centro espírita.

A sede física de instituições que tenham funções federativas deve ser compreendida como um ponto de referência. Na realidade, deve-se trabalhar com o conceito ampliado de "sede estendida" e relacionada com a seara espírita em geral e a comunidade em que se inserem. As sedes devem representar postos de trabalho, prioritariamente voltados para o atendimento das demandas espirituais e fraternais das pessoas que as procuram e vinculadas a ações integradas da instituição:

"O foco de atenção dos trabalhadores e o público-alvo não devem estar circunscritos a trabalhos internos, ou seja, às atividades intramuros. A ação envolve toda a área de abrangência do Órgão ou da Federativa. As soluções para os problemas administrativos, inclusive das sedes das instituições, e as recomendações para as suas atividades 'devem ter como parâmetro o que é simples e viável para a maioria das instituições'. A Causa é mais importante do que a Casa!"[25]

A questão de sede de Federativa, muitas vezes com a feição "centro grande", é problema antigo. O ex-presidente Leopoldo Cirne que construiu e inaugurou a sede da FEB à Avenida Passos, no Rio de Janeiro, no dia 10 de dezembro de 1911, registra significativo depoimento: "o segredo da prosperidade incoercível da Federação Espírita Brasileira, no período de que nos estamos ocupando, abstração feita da poderosa e benfazeja ação oculta, que foi a sua causa principal, residiu no espírito de solidariedade e de fraternidade em que se inspiraram, durante cerca de três lustros, os seus diretores, estremes da mais leve sombra de personalismo.". Em seguida aponta um desafio para a época e que era visado pelos adversários espirituais: a Escola de Médiuns.[4]

4.6 ORÇAMENTO DO CFN

Nos artigos 9º, 10º e 11º do citado "Pacto", define-se a questão orçamentária, onde todas as Sociedades pertencentes ao Conselho são responsáveis por 50% do orçamento do CFN. Desde 1986 quando passamos a comparecer ao CFN, na representação da USE-SP, e depois com cargos na FEB, até março de 2015, nos termos em que estão redigidos, os referidos artigos nunca foram colocados em prática. As Entidades Federativas Estaduais contribuem especificamente com despesas das Reuniões Regionais do CFN. Inclusive, a adoção do critério gestão com base em orçamento foi colocada em prática na FEB a partir do exercício de 2013, com definições ocorridas em 2012 quando exercíamos a presidência da FEB de maneira interina.

4.7 EXPOSITORES

No texto do "Pacto Áureo" há artigos estranhos:

"13º) Deverá ser organizado um quadro de pregadores espíritas, composto de sócios das sociedades adesas, os quais, dentro de suas possibilidades, serão escalados para visitar as Associações que ao Conselho dirijam convites para festividades de caráter puramente espírita.

14º) Se possível, será criado, também, um grupo de pregadores experimentados e cultos, com a difícil missão de levar a palavra do Evangelho aos grupos que, ainda mal orientados, ofereçam campo à semeadura cristã."

Embora possam ser vistos numa ótica de boa vontade e intenção, os artigos acima citados atualmente são superados.

Imagine-se a obrigatoriedade de ser sócio de sociedades adesas para poder ser um expositor espírita.

Expositores "experimentados e cultos", poderia se entender com nuances de elitismo. Seria uma "autoridade religiosa"?

Nas duas situações em nossos dias poderia dar a ideia de discriminação. Os simples e incultos também contribuíram e contribuem com o movimento espírita brasileiro.

Evidentemente que se pode promover eventos de orientação e recomendação para a preparação de expositores espíritas. Mas, com o cuidado de não se criar a ideia de escolarização e de se privilegiar expositores que teriam sido "formados" aqui ou acolá.

4.8 "FISCALIZAÇÃO"

Eis dois artigos do "Pacto Áureo" muito complicados:

"17º) Sempre que possível, o Conselho designará um dos seus membros para assistir aos trabalhos doutrinários realizados pelas Sociedades.

18º) Se alguma colidência encontrar, pedirá ele se convoque a diretoria da Sociedade e, então, confidencialmente, exporá o que deverá ser modificado, de acordo com o plano geral estudado pelo Conselho."

* * *

Atualmente, nos conceitos de união e de unificação são inaceitáveis qualquer ideia ou ação que possa se caracterizar como uma fiscalização.

Em nosso entendimento e experiência, com os apontamentos acima expressos, o texto do "Pacto Áureo" está superado. Imaginemos um dirigente que, ao ler o citado documento, resolva colocar em prática "ao pé da letra" o que está definido em seus artigos.

O "Pacto Áureo" é um importante referencial histórico, mas não é mais aplicável na atualidade.

5

PREMISSAS PARA A UNIÃO

A EVENTUAL REFORMULAÇÃO do "Pacto Áureo" ou a elaboração de novo Acordo de União devem passar por estudos fundamentados nas Obras Básicas de Allan Kardec.

O Codificador criou os neologismos espiritismo e espírita; fundou o primeiro centro espírita do mundo e deu início à imprensa espírita e ao movimento espírita.

De início torna-se importante considerarmos o conceito emitido por Allan Kardec, de espiritismo como religião diferente:

"O efeito desse laço moral é o de estabelecer entre os que ele une, como consequência da comunhão de vistas e de sentimentos, a fraternidade e a solidariedade, a indulgência e a benevolência mútuas."[26]

Objetivamente o Codificador propõe a constituição de uma "Comissão Central" e que deve inspirar a organização e o funcionamento de estruturas ligadas ao compromisso de união de instituições espíritas.[27]

Como nenhum ser ou instituição são perfeitos, é sempre cabível a avaliação e o aperfeiçoamento do processo.

As pessoas, normas e instituições refletem o estado geral das condições éticas e morais do mundo de nossos dias. E os espíritos nos afiançam que nosso planeta está ainda distante do predomínio de valores voltados ao bem e à paz.

Os laços espirituais e morais trazem um diapasão diferenciado para as meras análises laicas de gestão de pessoas e de instituições.

Depois de vivenciarmos várias experiências por mais de cinco décadas de movimento espírita, reforçamos nosso ponto de vista de que as Obras Básicas de Allan Kardec devem ser o referencial para as práticas espíritas e a base para os acordos de união.

Entendemos que a consolidação da unificação do movimento espírita deve passar por análises e avaliações fundamentadas em Allan Kardec: nos seus cinco livros principais, em *Viagem Espírita em 1862*, em *Revista Espírita* e em *Obras Póstumas*, que registram inúmeras orientações e relatos de diálogos e visitas que devem servir de fundamentação e orientação para os assuntos relacionados com união e relacionamento entre pessoas e instituições.

5.1 VIAGENS DE PAULO E KARDEC – PRIMEIROS PASSOS DOS MOVIMENTOS CRISTÃO E ESPÍRITA

Os dois livros *Viagem Espírita em 1862* e *Paulo e Estêvão* merecem estudos e reflexões com vistas à transposição às situações de vida e à aplicação para a realidade atual.

Ambos têm foco em viagens, com diferenças de abrangência espacial e de duração temporal: em *Pau-*

lo e Estêvão[28] o autor espiritual rememora a epopeia da trajetória de Paulo, o notável divulgador que com suas muitas viagens concretizou a disseminação do Cristianismo; em *Viagem Espírita em 1862*[29] Allan Kardec relata suas experiências de contatos diretos com os primeiros centros, caracterizando a primeira ação concreta de Movimento Espírita. Respeitadas as diferenças, ambos visitaram, apoiaram, orientaram e estimularam a formação de agremiações pioneiras.

Analisemos as duas obras sobre assuntos muito pertinentes aos trabalhadores espíritas de nossos tempos. Para se conciliar a indulgência com a necessidade de reprimir o mal assevera Paulo: "– Toda a autoridade é de Deus. Nós somos simples instrumentos, meu filho. Ninguém se diminuirá por ser bom e tolerante. Quanto à providência mais digna, cabível no caso, é conceder liberdade a todos eles".[28] Anota Kardec: "Em caso de dissidência, aquele que crer deverá prová-lo, sendo mais caridoso e mais benevolente. O erro estará, evidentemente, com aquele que denegrir o outro e atirar-lhe a pedra".[29]

Emmanuel considera que "A instituição de Antioquia era, então, muito mais sedutora que a própria igreja de Jerusalém. Vivia-se ali num ambiente de simplicidade pura, sem qualquer preocupação com as disposições rigoristas do judaísmo".[28] O Codificador relata sua experiência: "[...] recolhemos admiráveis exemplos de zelo, abnegação e devotamento, numerosas demonstrações de caridade verdadeiramente evangélica que, com justa razão, poderíamos chamar: *Belos traços do espiritismo*. As reuniões compostas exclusivamente de verdadeiros e sinceros espíritas, daqueles nos quais fala o coração, também apresentam um aspecto muito especial; todas as fisionomias refletem a franqueza e cordialidade; nós nos sentimos à vontade nesses ambientes simpáticos, verdadeiros templos da fraternidade".[29]

Sobre o episódio da pitonisa de Filipos, considerada um oráculo infalível e que mercantilizava seus dons: "Paulo, que nunca se conformou com a mercancia dos bens celestes, percebeu o mecanismo oculto dos acontecimentos e, senhor de todos os particulares do assunto, esperou que o visitante do invisível novamente aparecesse e o admoestou: [...] por amor ao Evangelho; em nome de Jesus-Cristo ordeno que te retires para sempre! Proíbo-te, em nome do Senhor, estabeleceres confusão entre as criaturas, incentivando interesses mesquinhos do mundo em detrimento dos sagrados interesses de Deus! [...] a pobre rapariga recobrou energias e libertou-se da atuação malfazeja".[28]

Oportunos os comentários de Ismael Gomes Braga por ocasião do lançamento de *Paulo e Estêvão*: "[...] Paulo de Tarso trabalhava como tecelão e Ananias como oleiro. [...] Os pregadores, os trabalhadores, os servidores da doutrina devem dar o exemplo de exercer uma profissão e nada receber pelos serviços que prestem à doutrina, ou por intermédio da doutrina aos seus irmãos em humanidade. Livre-nos Deus do profissionalismo em espiritismo!"[30]

Prosseguindo sobre a pitonisa, indagou Silas: "[...] - Todavia, será o incidente uma lição para não entretermos relações com o plano invisível?" Ao que Paulo respondeu: "- Como pudeste chegar a semelhante conclusão? [...] O Cristianismo sem o profetismo seria um corpo sem alma. Se fecharmos a porta de comunicação com a esfera do Mestre, como receber seus ensinos? [...]

Ninguém poderá fechar as portas que nos comunicam com o Céu. O Cristo está vivo e nunca morrerá". E ainda citou as visões sobre o Cristo depois do Calvário, inclusive às portas de Damasco, o Pentecostes, e a libertação de Pedro no cárcere".[28]

A prática da mediunidade merece outras observações de Emmanuel: "A união de pensamentos em torno de um só objetivo dava ensejo a formosas manifestações de espiritualidade. Em noites determinadas, havia fenômenos de "vozes diretas". A instituição de Antioquia foi um dos raros centros apostólicos onde semelhantes manifestações chegaram a atingir culminância indefinível. A fraternidade reinante justificava essa concessão do Céu. Nos dias de repouso, a pequena comunidade organizava estudos evangélicos no campo. A interpretação dos ensinos de Jesus era levada a efeito em algum recanto ameno e solitário da Natureza..."[28] Sobre a homogeneidade nas instituições Kardec observa: "Naquelas, ao contrário, em que há divergência de sentimentos, onde as intenções não são inteiramente puras, em que se nota o sorriso sardônico e desdenhoso em certos lábios, onde se sente o sopro da malquerença e do orgulho, onde se teme a cada instante pisar o pé da vaidade ferida, há sempre mal-estar, constrangimento e desconfiança".[29]

As linhas de atuação dos primeiros cristãos são destacados: "[...] nossos serviços junto dos desfavorecidos da sorte, para que os seguidores do Evangelho, no futuro, não se arreceiem das situações mais difíceis e escabrosas, conscientes de que os mensageiros do Mestre os assistirão, sempre que se tornem instrumentos legítimos da fraternidade e do amor, ao longo dos caminhos que se desdobram à evolução da Humanidade"[28], concluindo Emmanuel: "A igreja tornou-se venerável por suas obras de caridade".[28] De forma coerente orienta Kardec: "Pela prática da verdadeira caridade reconhecereis sempre um irmão, ainda que não seja espírita, e deveis estender-lhe a mão, porquanto, se ele não partilha de vossas crenças, nem por isso deixará de ser para vós menos benevolente e tolerante"[29] e complementa: "Fundai, então, uma sociedade sobre as bases da fraternidade, com ideias semelhantes!"[29]

A valorização das pessoas e dos colaboradores é ponderada por Emmanuel: "A existência humana é bem uma ascensão das trevas para a luz. A juventude, a presunção de autoridade, a centralização de nossa esfera pessoal, acarretam muitas ilusões, laivando de sombras as coisas mais santas".[28] O assunto é claro para o Codificador: "[...] nenhum entrave se oponha à propagação dessas ideias entre os seus subordinados. [...] Os que vissem os outros com olhos ciumentos provariam, só por isso, que estão sob má influência, desde que o Espírito do bem não pode produzir o mal. Como bem o sabeis, reconhece-se a árvore pelos seus frutos. Ora, o fruto do orgulho, da inveja e do ciúme é um fruto envenenado que mata quem dele se nutre."[29] E ainda destaca sobre o espiritismo: "[...] sua influência é uma garantia de segurança para as *relações sociais*, por ser o mais poderoso freio às más paixões, às efervescências desordenadas, mostrando o laço de amor e de fraternidade que deve unir o grande ao pequeno e o pequeno ao grande. Fazei, pois, que por vosso exemplo que logo se possa dizer: Praza a Deus que todos os homens sejam espíritas de coração!"[29]

Significativa é a visão sobre abrangência da difusão e a origem dos trabalhadores: "Suponho que o Cristianismo não atingirá seus fins, se esperarmos tão só dos israelitas anquilosados no orgulho da Lei. Jesus afirmou que seus discípulos viriam do Oriente e do Ocidente."[28] E Kardec vaticina: "[...] o espiritismo será o traço de união que aproximará os homens divididos pelas crenças e pelos preconceitos mundanos; ele derrubará as mais fortes barreiras que separam os povos: o antagonismo nacional. À sombra dessa bandeira, que será o seu ponto de concentração, os homens se habituarão a ver irmãos naqueles que só viam como inimigos".[29] Interessante que, em outra obra, comenta o Codificador: "A luz nova não constitui privilégio de nenhuma nação; para ela não existem barreiras, tem o seu foco em toda a parte e todos os homens são irmãos".[29]

A coerência entre as duas obras históricas na visão sobre os trabalhadores pode ser culminada com a evocação do Mestre: "Eu, porém, no meio de vós, sou como aquele que serve".[31]

5.2 PROPOSTA DO CODIFICADOR PARA A "COMISSÃO CENTRAL"

Originalmente publicado em *Revista Espírita* (dezembro de 1868) com o título "Constituição Transitória do Espiritismo" a proposta de Allan Kardec sobre a "Comissão Central" foi incluída em *Obras Póstumas* no Capítulo "Constituição do Espiritismo".[27]

Eis uns trechos que destacamos:

Durante o período de elaboração, a direção do espiritismo teve que ser individual; era necessário que todos os elementos constitutivos da doutrina, saídos, no estado de embriões, de uma multidão de focos, se dirigissem para um centro comum, a fim de serem aí examinados e cotejados, de sorte que um só pensamento presidisse à coordenação deles, a fim de estabelecer-se a unidade no conjunto e a harmonia entre todas as partes. Se não fosse assim, a doutrina se teria assemelhado a um mecanismo cujas rodas não se engrenam com precisão umas nas outras.

Já o temos dito, por ser verdade incontestável, hoje claramente demonstrada: a doutrina não podia sair, de um único centro, completamente estruturada, da mesma maneira que toda a ciência astronômica não poderia sair, inteiramente constituída, de um único observatório. Qualquer centro que tentasse erguê-la exclusivamente sobre as suas observações faria coisa incompleta e se acharia, com relação a uma infinidade de pontos, em contradição com os outros. Se mil centros quisessem fazer cada um a sua doutrina, não haveria duas iguais em todos os pontos. Se estivessem de acordo quanto aos fundamentos, difeririam inevitavelmente quanto à forma. Ora, como há muita gente que atenta mais na forma do que na substância, tantas seriam as seitas quantas as formas diferentes. Somente do conjunto e da comparação de todos os resultados parciais podia resultar a unidade. Por isso é que era necessária a concentração dos trabalhos. (*A Gênese*, cap. I: "Caráter da revelação espírita", nos 51 e seguintes.)

Mas, o que era de vantagem por um certo tempo mais tarde se tornaria inconveniente. Hoje, que o trabalho de elaboração se acha concluído, no que concerne às questões fundamentais; que estabelecidos se encontram os princípios gerais da Ciência, a direção, de individual que houve de ser em começo, tem que se tornar coletiva, primeiramente, porque um momento há de vir em que o seu peso excederá as forças de um homem e, em segundo lugar, porque maior garantia apresenta um conjunto de indivíduos, a cada um dos quais caiba apenas um voto e que nada podem sem o concurso mútuo, do que um só indivíduo, capaz de abusar da sua autoridade e de querer que predominem as suas ideias pessoais.

Em vez de um chefe único, a direção será confiada a uma comissão central permanente, cuja organização e atribuições se definam de maneira a não dar azo ao arbítrio. Essa comissão se comporá, no máximo, de doze membros titulares, que deverão, para tal efeito, preencher certas condições indispensáveis, e de igual número de conselheiros. Ela se completará a si mesma, segundo regras igualmente determinadas, à medida que em seu seio se derem vagas por falecimentos ou por outras causas. Uma disposição especial estabelecerá o modo por que serão nomeados os doze primeiros. A comissão nomeará o seu presidente por um ano. Puramente administrativa será a autoridade do presidente. Ele dirigirá as deliberações da comissão, velará pela execução dos trabalhos e pelo expediente; mas, fora das atribuições que os estatutos constitutivos lhe conferirem, nenhuma decisão poderá tomar sem o concurso da comissão. Portanto, não haverá possibilidade de abusos, nem alimentos para a ambição, nem pretextos para intrigas ou ciúmes, nem supremacia chocante.

A comissão central será, pois, a cabeça, o verdadeiro chefe do espiritismo, chefe coletivo, que nada poderá sem o assentimento da maioria. Suficientemente numeroso para se esclarecer por meio da discussão, não o será bastante para que haja confusão. A autoridade da comissão central será temperada e seus atos fiscalizados pelos congressos ou assembleias gerais, de que adiante falaremos.

Para a comunidade dos adeptos, a aprovação ou a desaprovação, o consentimento ou a recusa, as decisões, em suma, de um corpo constituído, representando opinião coletiva, forçosamente terão uma autoridade que jamais teriam, se emanassem de um só indivíduo, que apenas representa uma opinião pessoal. É frequente uma pessoa rejeitar a opinião de outra, por entender que se humilharia, caso se submetesse a essa opinião, e acatar sem dificuldades a de muitos.

Fica bem entendido que aqui se trata de autoridade moral, no que respeita à interpretação e aplicação dos princípios da doutrina, e não de um poder disciplinar qualquer. Essa autoridade será, em matéria de espiritismo, o que é a de uma academia, em matéria de Ciência.

Para o público estranho, um corpo constituído tem maior ascendente e preponderância; contra os adversários, sobretudo, apresenta uma força de resistência e dispõe de meios de ação com que um indivíduo não poderia contar; aquele luta com vantagens infinitamente maiores. Uma individualidade está sujeita a ser atacada e aniquilada; o mesmo já não se dá com uma entidade coletiva.

Semelhante entidade oferece garantias de estabilidade, que não existe, quando tudo recai sobre uma cabeça única. Desde que o indivíduo se ache impedido por uma causa qualquer, tudo fica paralisado. A entidade coletiva, ao contrário, se perpetua incessantemente. Embora perca um ou vários de seus membros, nada periclita. A dificuldade, dirão, consistirá em reunir, de modo permanente, doze pessoas que estejam sempre de acordo.

O essencial é que sejam acordes no tocante aos princípios fundamentais. Ora, isso constituirá uma condição absoluta para que sejam admitidas à direção, como para a de todos os que desta hajam de participar. Sobre as questões pendentes de detalhes, pouco importa que divirjam, porquanto a opinião da maioria é que prevalecerá. Àquele cuja maneira de ver for acertada, não faltarão razões boas com que a justifique. Se algum, contrariado por não conseguir que suas ideias predominem, se retirar, nem por isso deixariam as coisas de seguir o seu curso e motivo não haveria para se lhe deplorar a saída, pois que teria dado prova de uma suscetibilidade orgulhosa, pouco espírita, e que poderia tornar-se origem de perturbações. A causa mais comum de separatividade entre cointeressados é o conflito de interesses e a possibilidade de uns suplantarem os outros, em proveito próprio. Esta causa não pode existir, do momento em que o prejuízo de um em nada aproveitará aos outros; desde que todos são solidários e somente podem perder, em vez de ganhar, com a desunião. É esta uma questão de minúcia prevista na organização.

Admitamos que entre os membros da comissão haja um irmão falso, um traidor, que os inimigos da causa tenham ganho para si: que logrará ele fazer, não dispondo senão do seu voto nas decisões? Suponhamos que, por impossível, toda a comissão enverede por mau caminho: aí estarão os congressos para reconduzi-la à ordem. A fiscalização dos atos da administração pertencerá aos congressos, que poderão decretar a censura ou uma acusação contra a comissão central, por infração do seu mandato, por violação dos princípios estabelecidos, ou por medidas prejudiciais à doutrina. Por isso é que se apelará da comissão para o congresso, nas circunstâncias em que se julgue que a responsabilidade da primeira está gravemente comprometida. Sendo os congressos um freio para a comissão, na aprovação deles haure esta última novas forças. É assim que o chefe coletivo depende, em definitivo, da opinião geral e não pode, sem risco para si próprio, afastar-se do caminho reto.

Serão estas as atribuições principais da comissão central:

1º Cuidar dos interesses da Doutrina e da sua propagação; manter-lhe a utilidade, pela conservação da integridade dos princípios firmados; prover ao desenvolvimento de suas consequências.

2º O estudo dos novos princípios, suscetíveis de entrar no corpo da Doutrina.

3º A concentração, em seu poder, de todos os documentos e informações que interessem ao espiritismo.

4º A correspondência.

5º A manutenção, a consolidação e a extensão dos laços de fraternidade entre os adeptos e as sociedades particulares dos diversos países.

6º A direção da Revista, que será o jornal oficial do espiritismo e à qual se poderá juntar outra publicação periódica.

7º O exame e apreciação das obras, dos artigos de jornais e de todos os escritos que interessem à Doutrina: a refutação dos ataques, se aparecerem.

8º A publicação das obras fundamentais da Doutrina, nas condições mais favoráveis à sua vulgarização; a elaboração e publicação das de que daremos o plano e que não teremos tempo de executar em nossa atual existência; a animação de que precisem as publicações que sejam de proveito para a causa.

9º A fundação e conservação da biblioteca, dos arquivos e do museu.

10º A administração da caixa de socorros, do dispensário e do retiro.

11º A administração dos negócios materiais.

12º A direção das sessões da Sociedade.

13º O ensino oral.

14º As visitas e instruções às reuniões e sociedades particulares que se colocarem sob o seu patrocínio.

15º A convocação dos congressos e assembleias gerais. Estas atribuições os membros da comissão as distribuirão entre si, conforme a especialidade de cada um, sendo eles, se for preciso, assistidos por certo número de auxiliares ou de simples empregados.

Nota da Editora: - Kardec parecia prever que muitos dos seus discípulos tenderiam para o estacionamento."[27]

Entre as atribuições definidas por Allan Kardec, há itens muito temporários. O importante será a análise e estudo sobre os conceitos emitidos pelo Codificador, os quais podem balizar o tipo de gestão de órgãos ou instituições vinculados à tarefa de união. Obviamente que se adequando às normas do arcabouço legal do país, à natureza da instituição e ao contexto em que a mesma se encontra inserida.

5.3 ORIENTAÇÕES ESPIRITUAIS SOBRE UNIÃO

Além do Codificador e muito coerente com suas recomendações há mensagens históricas sobre união psicografadas por Francisco Cândido Xavier.

Destacamos três textos psicografados por Chico Xavier que apresentam conceitos e propostas que podem nortear tarefas de união, contribuindo com sugestões sobre o como fazer, inseridos no contexto do mundo em constantes transformações:

Inicialmente a mensagem pioneira, do espírito Emmanuel:

5.3.1 EM NOME DO EVANGELHO

"Para que todos sejam um" - Jesus (João, 17:22)

"Reunindo-se aos discípulos, empreendeu Jesus a renovação do mundo.

Congregando-se com cegos e paralíticos, restituiu-lhes a visão e o movimento.

Misturando-se com a turba extenuada, multiplicou os pães para que lhe não faltasse alimento.

Ombreando-se com os pobres e os simples, ensinou-lhes as bem-aventuranças celestes.

Banqueteando-se com pecadores confessos, ensinou-lhes o retorno ao caminho de elevação.

Partilhando a fraternidade do cenáculo, prepara companheiros na direção dos testemunhos de fé viva.

Compelido a oferecer-se em espetáculo na cruz, junto à multidão, despede-se da massa, abençoando e amando, perdoando e servindo.

* * *

Compreendendo a responsabilidade da grande assembleia de colaboradores do Espiritismo brasileiro, formulamos votos ardentes para que orientem no Evangelho quaisquer princípios de unificação, em torno dos quais entrelaçam esperanças.

Cremos que a experiência científica e a discussão filosófica representam preparação e adubo no campo doutrinário, porque a semente viva do progresso real, com o aperfeiçoamento do homem interior, permanece nos alicerces divinos da Nova Revelação.

Cultivar o Espiritismo, sem esforço espiritualizante, é trocar notícias entre dois planos diferentes, sem significado substancial na redenção humana.

Lidar com assuntos do céu, sem vasos adequados à recepção da essência celestial, é ameaçar a obra salvacionista.

Aceitar a verdade, sem o desejo de irradiá-la, através do propósito individual de serviço aos semelhantes, é vaguear sem rumo.

O laboratório é respeitável.

A academia é nobre.

O templo é santo.

A ciência convence.

A filosofia estuda.

A fé converte o homem ao Bem Infinito.

Cérebro rico, sem diretrizes santificantes pode conduzir à discórdia.

Verbo primoroso, sem fundamentos de sublimação, não alivia, nem salva.

Sentimento educado e iluminado, contudo, melhora sempre.

Reunidos, assim, em grande conclave de fraternidade, que os irmãos do Brasil se compenetrem, cada vez mais, do espírito de serviço e renunciação, de solidariedade e bondade pura que Jesus nos legou.

O mundo conturbado pede, efetivamente, ação transformadora. Conscientes, porém, de que se faz impraticável a redenção do Todo, sem o burilamento das partes, unamo-nos no mesmo roteiro de amor, trabalho, auxílio, educação, solidariedade, valor e sacrifício que caracterizou a atitude do Cristo em comunhão com os homens, servindo e esperando o futuro, em seu exemplo de abnegação, para que todos sejamos um, em sintonia sublime com os desígnios do Supremo Senhor."

Emmanuel[8]

5.3.2 UNIFICAÇÃO

Pelo mesmo médium, surge o texto marcante de Bezerra de Menezes:

"O serviço da unificação e nossas fileiras é urgente mas não apressado. Uma afirmativa parece destruir a outra. Mas não é assim. É urgente porque define o objetivo a que devemos todos visar; mas não apressado, porquanto não nos compete violentar consciência alguma.

Mantenhamos o propósito de irmanar, aproximar, confraternizar e compreender, e, se possível, estabeleçamos em cada lugar, onde o nome do Espiritismo apareça por legenda de luz, um grupo de estudo, ainda que reduzido, da Obra Kardequiana, à luz do Cristo de Deus.

Nós que nos empenhamos carinhosamente a todos os tipos de realização respeitável que os nossos princípios nos oferecem, não podemos esquecer o trabalho do raciocínio claro para que a vida se nos povoe de estradas menos sombrias. Comparemos a nossa Doutrina Redentora a uma cidade metropolitana, com todas as exigências de conforto e progresso, paz e ordem. Indispensável a diligência no pão e no vestuário, na moradia e na defesa de todos; entretanto, não se pode olvidar o problema da luz. A luz foi sempre uma preocupação do homem, desde a hora da furna primeira. Antes de tudo, o fogo obtido por atrito, a lareira doméstica, a tocha, os lumes vinculados às resinas, a candeia e, nos tempos modernos, a força elétrica transformada em clarão.

A Doutrina Espírita possui os seus aspectos essenciais em configuração tríplice. Que ninguém seja cerceado em seus anseios de construção e produção. Quem se afeiçoe à ciência que a cultive em sua dignidade, quem se devote à filosofia que lhe engrandeça os postulados e quem se consagre à religião que lhe divinize as aspirações, mas que a base kardequiana permaneça em tudo e todos, para que não venhamos a perder o equilíbrio sobre os alicerces em que se nos levanta a organização.

Nenhuma hostilidade recíproca, nenhum desapreço a quem quer que seja. Acontece, porém, que temos necessidade de preservar os fundamentos espíritas, honrá-los e sublimá-los, senão acabaremos estranhos uns aos outros, ou então cadaverizados em arregimentações que nos mutilarão os melhores anseios, convertendo-nos o movimento de libertação numa seita estanque, encarcerada em novas interpretações e teologias, que nos acomodariam nas conveniências do plano inferior e nos afastariam da Verdade.

Allan Kardec, nos estudos, nas cogitações, nas atividades, nas obras, a fim de que a nossa fé não faça hipnose, pela qual o domínio da sombra se estabelece sobre as mentes mais fracas, acorrentando-as a séculos de ilusão e sofrimento.

Libertação da palavra divina é desentranhar o ensinamento do Cristo de todos os cárceres a que foi algemado e, na atualidade, sem querer qualquer privilégio para nós, apenas o Espiritismo retém bastante força moral para se não prender a interesses subalternos e efetuar a recuperação da luz que se derrama do verbo cristalino do Mestre, dessedentando e orientando as almas.

Seja Allan Kardec, não apenas crido ou sentido, apregoado ou manifestado, a nossa bandeira, mas suficientemente vivido, sofrido, chorado e realizado em nossas próprias vidas. Sem essa base é difícil forjar o caráter espírita-cristão que o mundo conturbado espera de nós pela unificação.

Ensinar, mas fazer; crer, mas estudar; aconselhar, mas exemplificar; reunir, mas alimentar.

Falamos em provações e sofrimentos, mas não dispomos de outros veículos para assegurar a vitória da verdade e do amor sobre a Terra. Ninguém edifica sem amor, ninguém ama sem lágrimas.

Somente aqui, na vida espiritual, vim aprender que a cruz de Cristo era uma estaca que ele, o Mestre, fincava no chão para levantar o mundo novo. E para dizer-nos em todos os tempos que nada se faz de útil e bom sem sacrifícios, morreu nela. Espezinhado, batido, enterrou-a no solo, revelando-nos que esse é o nosso caminho – o caminho de quem constrói para Cima, de quem mira os continentes do Alto.

É indispensável manter o Espiritismo, qual foi entregue pelos Mensageiros Divinos a Allan Kardec, sem compromissos políticos, sem profissionalismo religioso, sem personalismos deprimentes, sem pruridos de conquista a poderes terrestres transitórios.

Respeito a todas as criaturas, apreço a todas as autoridades, devotamento ao bem comum e instrução do povo, em todas as direções, sobre as Verdades do espírito, imutáveis, eternas.

Nada que lembre castas, discriminações, evidências individuais injustificáveis, privilégios, imunidades, prioridades.

Amor de Jesus sobre todos, verdade de Kardec para todos.

Em cada templo, o mais forte deve ser escudo para o mais fraco, o mais esclarecido a luz para o menos esclarecido, e sempre e sempre seja o sofredor o mais protegido e o mais auxiliado, como entre os que menos sofram seja o maior aquele que se fizer o servidor de todos, conforme a observação do Mentor Divino.

Sigamos para a frente, buscando a inspiração do Senhor."

Bezerra de Menezes (Mensagem recebida pelo médium Francisco Cândido Xavier, em reunião da Comunhão Espírita Cristã, em 20-04-1963, em Uberaba, MG)[8]

5.3.3 MENSAGEM DE UNIÃO

"Filhos, o Senhor nos abençoe.

Solidários, seremos união.

Separados uns dos outros, seremos pontos de vista.

Juntos, alcançaremos a realização de nossos propósitos.

Distanciados entre nós, continuaremos à procura do trabalho com que já nos encontramos honrados com a Providência Divina.

Crede! A humildade e a paciência no mecanismo de nosso relacionamento são as energias de entrosagem de que não podemos prescindir, na execução de nossos compromissos.

Roguemos, pois, a Deus a força indispensável para nos sustentar fiéis aos nossos compromissos de união em torno do Evangelho de Cristo, a fim de concretizar-lhe os princípios de amor e luz.

Mantenhamos unidos, em Jesus, para edificar e acender Kardec no caminho de nossas vidas, porque unicamente assim, agindo com a fraternidade e progredindo com o discernimento, é que conseguiremos obter os valores que nos erguerão na existência em degraus libertadores de paz e ascensão.

Bezerra de Menezes"

(Originalmente publicada em: *Unificação*. USE.
Ano XXVII. No. 309. São Paulo.
Novembro-dezembro de 1980)[14]

6

UNIÃO: PASSADO, PRESENTE E FUTURO

6.1 CENÁRIOS DO MOVIMENTO ESPÍRITA

OS ESTUDOS SOBRE acordos de união devem se relacionar com a avaliação e análise de cenários do movimento espírita atual.

O movimento requer reflexões continuadas. Afinal de contas são sempre válidas algumas indagações: o que pretendemos? para onde vamos?

Algumas situações identificáveis em instituições espíritas de nossos dias merecem ser analisadas:

- Como se desenvolver valores como os da simplicidade, fraternidade e solidariedade legítimos andam pouco valorizados.
- Nos centros espíritas, como se desenvolve o atendimento espiritual dos que chegam? Como ocorre o acolhimento, consolo, esclarecimento e orientação?
- Mesmo sendo indiscutível a necessidade do estudo doutrinário, não poderia estar ocorrendo uma espécie de am-

biente de escolarização formal na oferta e na relação entre os vários cursos doutrinários disponibilizados nas instituições espíritas? E o que dizer dos casos em que ocorrem certificações, como emissão de certificados?

- Algumas nuances da escola de Alexandria em geral e do *Didaskaleion* (escola para catequistas), do século III, não poderiam estar sendo reavivadas em formas de preparo de evangelizadores para a infância e de "instrutores" de cursos sobre mediunidade?
- Em relação à prática da mediunidade e a pretexto do preparo com base no estudo, de certa forma não estaria sendo cerceada por muitas normas e pré-requisitos?
- Não haveria o risco de se criar uma espécie de hierarquia entre os que completaram uma sequência de cursos doutrinários para poderem assumir coordenação de atividades e participação na gestão de grupos e de instituições espíritas?
- Até que ponto o trabalho apenas em nível cognitivo é válido? Ou são cabíveis propostas e ações efetivas para o cultivo de valores e sentimentos?
- As polêmicas a respeito da natureza do Cristo - à semelhança do docetismo -, não poderiam ser substituídas pela ênfase ao objetivo do ensino moral que Allan Kardec define em *O Evangelho segundo o Espiritismo*?
- No caso de livros espíritas, há situações em que as citações de versículos do Novo Testamento (ou de partes deles, as perícopes), originalmente utilizadas em obras nacionais e estrangeiras, foram substituídas por outras traduções bíblicas de diferentes das adotadas pelo autor. Isso não lembraria as alterações dos copistas religiosos do passado?

- Poderia estar ocorrendo uma eventual tendência de comercialização dos chamados "produtos espíritas", como os livros e até de ingressos pagos para seminários doutrinários?
- Muitas instituições estariam perdendo o caráter espírita, inclusive em textos dos Estatutos, para assegurarem convênios com governos. Deve-se lembrar que - pela Constituição - o Estado brasileiro é laico, portanto ações assistenciais e promocionais subvencionadas por governos não podem ter características religiosas. O que seria mais importante, o compromisso espírita ou o atrelamento a projetos de governos?
- Parece estar havendo tendência de idolatria a médiuns, expositores e alguns dirigentes?
- Com referência aos congressos espíritas, há vários indícios de tendências de elitização, ou, pelo menos, de dissociação da realidade do movimento espírita. Escolha de recintos, muitas vezes pomposos e de alto custo de locação. Existência de "salas vip" para atendimento de convidados. Em alguns casos, até agentes de segurança cercando convidados. Comercialização de muitos produtos, lembrando até "feiras", incluindo livros não necessariamente espíritas. Eventos planejados para gerar fonte de receita para a entidade promotora. Valores de taxas de inscrição altos, em geral acima das condições do espírita em geral. O ambiente de fraternidade, simplicidade e espontaneidade ficam diminuídos.
- Qual o critério, como se processa a escolha de representantes das instituições espíritas para a composição de conselhos e direção das entidades federativas?

Face a essas questões surge a indagação maior: qual o papel das entidades federativas estaduais, do Conselho Federativo Nacional da FEB e da própria Federação Espírita Brasileira, no sentido de favorecer ou de promover a profilaxia dessas situações apontadas?

Como cidadãos do século XXI, observamos que no mundo dinâmico em que vivemos sucedem-se mudanças e inovações. Especialistas em gestão e transformações recomendam a valorização de novos talentos, nova cultura e novas formas de fazer as coisas, inclusive não se desprezando receios e preocupações.[32]

6.2 CRISTIANISMO E ESPIRITISMO: RISCOS DE DESVIOS

Além do contexto atual devemos conhecer experiências nobilitantes. Interessante é que na história do cristianismo nascente, há o registro do ex-doutor da Lei Saulo de Tarso, que ao visitar a Casa do Caminho após sua conversão sentiu-se:

> "[...] torturado pela influência judaizante. Tiago dava a impressão de reingresso, na maioria dos ouvintes, nos regulamentos farisaicos. Suas preleções fugiam ao padrão de liberdade e do amor em Jesus Cristo."[28]

Saulo de Tarso optou em deixar a tradicional e pioneira *ecclesia* de Jerusalém, iniciando sua grande tarefa de divulgador do Evangelho.

Ao comentar a vida e obra de Paulo, Herculano Pires destaca a posição clara e marcante do Apóstolo: "Ele libertava a religião da política e do negócio. Para ele, a religião tinha que ser vivida em si mesma e vivida com toda a independência moral". A propósito de trecho de Atos sobre "muitos milagres e prodígios entre o povo pelas mãos dos apóstolos" o autor aponta que ali se encontra "uma das mais belas confirmações evangélicas da realidade e da verdade do Espiritismo e das suas práticas como continuação do cristianismo em espírito e verdade aqui na Terra."[33]

Embora distanciado da FEB até sua desencarnação, o ex-presidente Leopoldo Cirne permaneceu atento ao movimento espírita. Escreveu a portentosa obra: *Antichristo. Senhor do Mundo,* tendo dois subtítulos: "O Espiritismo em falência" e "A obra cristã e o poder das trevas". Concluída no dia 3/10/1934, impressa por Bedeschi e lançada no Rio de Janeiro em 1935, não foi reeditada.[4]

Na 1ª Parte, Cirne analisa em detalhes a trajetória do Cristianismo e na 2ª Parte focaliza o Espiritismo.

O objetivo da obra é definido pelo autor: "[...] apreciando a ação perturbadora do Anticristo na existência da igreja - alvo do seu inveterado rancor - do mesmo que em todas as manifestações da vida humana, em que essa interferência transparece, colher ensinamentos e advertências para salvaguarda dos que, nesta época de transformações e num radioso futuro que se avizinha, desejem sinceramente seguir a Jesus e necessitam estar apercebidos contra as insidiosas manobras dos que com propriedade são denominados inimigos da luz. [...] O presente estudo é assim uma contribuição exclusivamente pessoal, fundada na observação e análise dos fatos à luz dos conhecimentos adquiridos na doutrina espírita, que temos a felicidade de professar há quarenta anos." Esclarece que entende por "Anticristo" uma força, também chamada de "príncipe deste mundo", "poder das trevas", que age "em oposição, deliberada e sistematicamente, ao plano evolutivo traçado por Deus à humanidade". Considera que o Cristo empreende a obra de educação e redenção da humanidade e raciocina: "o princípio oposto - de separatividade e de egoísmo - que forma o substrato da natureza inferior do homem e constitui, na quase totalidade da espécie humana, o motivo preponderante de seus atos e impulsos? [...] esse princípio deverá chamar-se o Anticristo. Somos todos assim, enquanto consentimos em nós o predomínio do egoísmo com todos os seus derivados - ambição, vaidade, orgulho - e pelejamos denodadamente pela obtenção e acréscimo dos bens, posições e vantagens pessoais, com sacrifício dos outros e violação da lei de solidariedade..."[4]

Cirne comenta a ação do Cristo e de seus seguidores, com citações dos evangelistas, de Atos e de epístolas de Paulo. Na 1ª. Parte opina sobre a trajetória do Cristianismo: "exposta às agressões do espírito das trevas e em contato com a fragilidade dos que, no futuro, tomariam o encargo de seus depositários e propagadores, a sua doutrina de amor e imortalidade seria deturpada por adaptações parasitárias e materializadoras."[4]

Na 2ª Parte, Leopoldo Cirne focaliza os momentos predecessores e concomitantes ao Espiritismo, de eclosão de muitos fenômenos mediúnicos e com notável trabalho de vários pesquisadores. Descreve o cenário dos primeiros grupos espíritas do Rio de Janeiro e as dificuldades da novel Federação Espírita Brasileira que segundo ele: "Havia, em 1895, atingido o limite de sua capacidade máxima de resistência,..." Depois de focalizar várias questões do movimento espírita até a elaboração do livro, em 1934, nos últimos capítulos do livro *Antichristo. Senhor do Mundo,* comenta as obras de Allan Kardec e os cuidados do Codificador, exaltando seu trabalho.

Entre outras considerações finais, indaga Cirne: "Exageramos? - Percorrei a história de todos os séculos e nos sucessos, coletivos e individuais, em que haja violação do preceito básico formulado pelo Cristo - 'amai-vos uns aos outros' - encontrareis a intervenção reacionária do Anticristo. [...] Quanto tempo será necessário à consumação dessa gloriosa metamorfose? O milênio, de que nos fala o Apocalipse? - Não importa o prazo. [...] a nossa humanidade, liberta finalmente do poder das trevas, raiará cedo ou tarde a aurora de sua definitiva redenção."[4]

6.3 OPORTUNAS REFLEXÕES

No último discurso de Allan Kardec, em novembro de 1868, há colocações muito pertinentes para as reflexões sobre religião e laços ou união dos espíritas:

> O laço estabelecido por uma religião, seja qual for o seu objetivo, é, pois, essencialmente moral, que liga os corações, que identifica os pensamentos, as aspi-

> rações, e não somente o fato de compromissos materiais, que se rompem à vontade, ou da realização de fórmulas que falam mais aos olhos do que ao espírito. O efeito desse laço moral é o de estabelecer entre os que ele une, como consequência da comunhão de vistas e de sentimentos, a fraternidade e a solidariedade, a indulgência e a benevolência mútuas.[26]

Em outra obra[34] comentamos que - como um reforço ao pensamento de Allan Kardec na sua análise do Espiritismo como religião –, são oportunos alguns conceitos do pesquisador psíquico e filósofo pragmatista, William James (1842-1910), que ficou conhecido pela pesquisa com a mediunidade da norte-americana Leonora Piper. Este intelectual concluiu que:

> [...] os únicos critérios genuinamente aplicáveis, nos juízos de valor acerca da experiência religiosa, são a "luminosidade imediata", a "razoabilidade filosófica" e a "prestimosidade moral".[35]

Entendemos que os conceitos de Allan Kardec sobre o espiritismo como religião são coerentes com o pensamento acadêmico de William James.

A propósito, em síntese, corroboramos que:

> Considera-se a noção de "religião pessoal", ligada à esfera das "disposições interiores" dos indivíduos, delineada por William James, e, nessa perspectiva, de se buscar transcender o aspecto meramente institucional e formal, isto é, incentivando-se a conscien-

tização – no campo da experiência religiosa *per se* – dos adeptos do espiritismo perante o imperativo de se associar a "razão" ao "sentimento", promovendo a "fusão do saber e da ação", e, consequentemente, formando um *laço religioso* composto por "espíritas cristãos" preocupados em dissolver os eventuais elos ("velados") da vaidade e da ambição imiscuídos no movimento espírita brasileiro. Este "laço" nos termos da colocação de Allan Kardec, na *Revista Espírita* de 1868, em que ele detalhou o seu real caráter.[34]

Nessa relação entre essência de proposta religiosa e institucionalização, entendemos como oportuna a reflexão nesses comentários do autor espiritual Emmanuel:

> As instituições humanas vivem cheias de códigos e escrituras. Os templos permanecem repletos de pregações. Os núcleos de natureza religiosa alinham inúmeros compêndios doutrinários. O Evangelho, entretanto, não oculta os propósitos do Senhor. Toda a movimentação de páginas rasgáveis, portadoras de vocabulário restrito, representa fase de preparo espiritual, porque o objetivo de Jesus é inscrever os seus ensinamentos em nossos corações e inteligências. Poderemos aderir de modo intelectual aos mais variados programas religiosos, navegarmos a pleno mar da filosofia e da cultura meramente verbalistas, com certo proveito à nossa posição individual, diante do próximo; mas, diante do Senhor, o problema fundamental de nosso espírito é a transformação para o bem, com a elevação de todos os nossos sentimentos

> e pensamentos. O Mestre escreverá nas páginas vivas de nossa alma os seus estatutos divinos.[36]

Consideramos oportuna a lembrança de conhecida frase latina: *Quo vadis?* E que significa "Para onde vais?" ou "Aonde vais?". Teria surgido em um relato considerado apócrifo conhecido como "Atos de Pedro", quando o apóstolo estaria tentando fugir de um provável sacrifício em Roma. Jesus teria aparecido a ele e pergunta: *Quo vadis?* Em seguida Jesus também responde: "Vou a Roma para ser crucificado de novo". Pedro teria desistido da fuga e retornado a Roma onde foi sacrificado. A frase latina e o episódio citado ficaram imortalizados no filme cinematográfico americano épico "Quo vadis" de 1951.

A propósito, há uma frase parecida registrada pelo apóstolo João:

> "1. "Tenho-lhes dito tudo isso para que vocês não venham a tropeçar.
>
> 5. Agora que vou para aquele que me enviou, nenhum de vocês me pergunta: 'Para onde vais?'.
>
> 13. Mas quando o Espírito da verdade vier, ele os guiará a toda a verdade. Não falará de si mesmo; falará apenas o que ouvir, e lhes anunciará o que está por vir.
>
> 33. "Eu lhes disse essas coisas para que em mim vocês tenham paz. Neste mundo vocês terão aflições; contudo, tenham ânimo! Eu venci o mundo" (João 16:1, 5, 13, 33)

A nosso ver, o movimento espírita deve manter propostas e ações – "Para onde vais" – que efetivamente visem facilitar-se a disseminação dos ensinos do "Espírito da verdade", compreendendo que surgirão aflições, mas com o alerta de consolo e apoio do Mestre: "tenham ânimo! Eu venci o mundo".

Portanto, é pertinente a questão para o movimento: união dos espíritas - para onde vamos?

***

> Pensa um pouco e entenderás que é sempre muito fácil ajuntar os interesses da Terra e fazer a união para o bem da força, mas apenas entesourando as qualidades do Cristo na própria alma é que nos será possível, em verdade, fazer a união para a força do bem. – Emmanuel[37]

REFERÊNCIAS:

1. Wantuil, Zêus. *Grandes espíritas do Brasil*. 1.ed. Cap. Joaquim Carlos Travassos. Rio de Janeiro: FEB. 1969.
2. Da página eletrônica: http://www.amebrasil.org.br/html/perfil_bezerra.htm; consulta em janeiro de 2018.
3. *Reformador*, ano 61, no.1, Janeiro de 1943. P.28/29 e 44/45.
4. Cirne, Leopoldo. *Antichristo. Senhor do Mundo*. 1.ed. 2ª. Parte. Rio de Janeiro: Bedeschi. 1935. (Resenha em: Carvalho, Antonio Cesar Perri. Cristianismo, Espiritismo e o Anticristo. *Revista Internacional de Espiritismo*. Ano XCII. No. 9. Outubro de 2017. P. 474-477).
5. Quintão, Manuel. À guisa de prefácio. In: Xavier, Francisco Cândido. *Parnaso de além-túmulo*. 1.ed., Rio de Janeiro: FEB. 1932, p.11.
6. Thiesen, Francisco. [mimeo]. *Atos dos espíritas*. Rio de Janeiro: FEB. 1979. 148p.
7. Monteiro, Eduardo Carvalho; D'Olivo, Natalino. *USE – 50 anos de unificação*. São Paulo: USE. 1997. 335p.
8. Carvalho, Antonio Cesar Perri. *Centro espírita. Prática espírita e cristã*. São Paulo: USE. 2016. 196p.

9. Courté, Josyan. Entrevista com Carlos Jordão da Silva. *Anuário Espírita 74*. Araras: IDE. 1974. p.115-120.
10. *Reformador*, Ano 117. No 2.047. Outubro de 1.999, p.10 e 11.
11. Machado, Leopoldo. *A caravana da fraternidade*. Rio de Janeiro: FEB. 2010. 370p.
12. Schubert, Suely Caldas. *Testemunhos de Chico Xavier*. 1.ed. Rio de Janeiro: FEB. 1986. 417p.
13. Thiesen, Francisco. [mimeo]. *Legado de um administrador*. Rio de Janeiro: FEB, 1978. 48p.
14. Carvalho, Antonio Cesar Perri. *Em ações espíritas*. 1.ed. Araçatuba: Cocriação. 2017. 131p.
15. ÀS SOCIEDADES ESPÍRITAS DO BRASIL. *Reformador*, Ano 115. No. 2.025. Dezembro de 1997. P.360-1.
16. De: http://aluznamente.com.br/entrevista-com-antonio--cesar-perri-de-carvalho-ex-presidente-da-feb/; acesso em janeiro de 2018.
17. Carvalho, Antonio Cesar Perri. Entrevista . *A Senda* - Órgão da FEEES. Ano 95. N. 187. Set. - Out. 2017. p. 15-16.
18. Xavier, Francisco Cândido. Pelo espírito Humberto de Campos. *Brasil, coração do mundo, pátria do evangelho*. 33.ed. Cap. 22. Brasília: FEB.
19. Silva, Iaponan Albuquerque. A questão Roustaing-Final. *Reformador*. Ano 101. No. 1.848. Março de 1983. P.77-78.
20. Carvalho, Antonio Cesar Perri. *Chico Xavier. O homem e a obra*. 1.ed. Cap. O Chico e a unificação. São Paulo: Ed. USE. 1997.
21. Guimarães, Rúbia da Costa. Vários momentos da difusão do livro. Entrevista. *Reformador*. Ano 132. N. 2.225. Agosto de 2014. P. 458-460.

22. Rocha, Arnaldo. Livros pioneiros obtidos de gravações de psicofônicas. Entrevista. *Reformador*. Ano 129. N. 2.190. Setembro de 2011. P.329-331.
23. Carvalho, Antonio Cesar Perri. Ave, Cristo! Contexto e texto. *Reformador*. Ano 131. N. 2.210. Maio de 2013. P. 173-175.
24. Ginzburg, Carlo. Trad. Carotti, Federico. *Mitos, emblemas, sinais. Morfologia e história*. 2ª.ed. Cap. Sinais: Raízes de um paradigma indiciário. São Paulo: Companhia das Letras. 2011. P. 145, 151, 177.
25. Carvalho, Antonio Cesar Perri. Casas e causa. *Reformador*. Ano 129. N.2. Maio de 2011. p. 186-187.
26. Kardec, Allan. Trad. Noleto, Evandro Bezerra. O Espiritismo é uma religião? *Revista Espírita*. Dezembro de 1868. Ano XII. FEB. 2005.
27. Kardec, Allan. Trad. Noleto, Evandro Bezerra. *Obras Póstumas*. 2ª parte. Cap. Constituição do Espiritismo. Item IV Comissão Central. Rio de Janeiro: FEB. 2010.
28. Xavier, Francisco C. *Paulo e Estêvão*. Pelo Espírito Emmanuel. ed. Esp. Brasília: FEB, 2012. 488p.
29. Kardec, Allan. *Viagem espírita em 1862*. Trad. Bezerra, Evandro N. 1ª ed., Rio de Janeiro: FEB, 2005. 263p.
30. Braga, Ismael Gomes. Mais um livro para o futuro. *In*: *Reformador*, ano 60, p. 16(108)-17(109), mai. 1942.
31. Lucas, 22:27.
32. Immelt, Jeffrey R. Na liderança da transformação. *Harvard Business Review*. Setembro de 2017.
33. Pires, José Herculano. Org. Arribas, Célia. *O evangelho de Jesus em espírito e verdade*. 1.ed. Cap. 15. São Paulo: Editora Paideia. 2016.

34. Carvalho, Flávio Rey; Carvalho, Antonio Cesar Perri. Espiritismo como religião: algumas considerações sobre seu caráter religioso e seu desenvolvimento no Brasil. *In*: Souza, André Ricardo; Simões, Pedro; Toniol, Rodrigo (Org.). *Espiritualismo e Espiritismo. Reflexões para além da espiritualidade.* 1.ed. Parte 1, Cap. 2. São Paulo: Editora Porto de Ideias. 2017.
35. James, William. Trad. Cajado, Octávio Mendes. *As variedades da experiência religiosa*. 1.ed. Cap. II. Conferência. São Paulo: Cultrix. 1991.
36. Xavier, Francisco Cândido. Pelo espírito Emmanuel. *Vinha de luz*. 1.ed.esp. Cap. 81. Brasília: FEB. 2005.
37. Xavier, Francisco Cândido. Pelo espírito Emmanuel. *Seara dos médiuns*. 19.ed. Cap. 46. Brasília: FEB. 2008.

